Die Strafe in der Selbsterziehung und in der Erziehung des Kindes

Menschenkunde und Erziehung

1

Schriften
der Pädagogischen Forschungsstelle
beim Bund der Freien Waldorfschulen

ERICH GABERT

Die Strafe in der Selbsterziehung und in der Erziehung des Kindes

VERLAG FREIES GEISTESLEBEN

CIP-Titelaufnahme der Deutschen Bibliothek

Gabert, Erich:
Die Strafe in der Selbsterziehung und in der
Erziehung des Kindes/Erich Gabert. – 10. Aufl. –
Stuttgart: Verlag Freies Geistesleben, 1989.
(Menschenkunde und Erziehung; 1)
ISBN 3-7725-0201-6
NE: GT

10. Auflage 1989

Druck: Chr. Kammler, Stuttgart

Inhalt

I. Strafe und Selbsterziehung

1. Erfahrung und Strafe 9
2. Der Schmerz 17
3. Rudolf Steiner über die Vertiefung des Bewußtseins durch die Strafe 21
4. Die Läuterungszeit nach dem Tode und das Gesetz des Schicksals (Karma) 24
5. Selbsterkenntnis und Rückschau 32
6. Wiederverkörperung 40

II. Die Strafe in der Erziehung des Kindes

1. Das Kind macht Erfahrungen 49
2. Strafen, wie sie nicht sein sollten 52
3. Die vier Grundelemente der gerechten Strafe 57
4. Soll man Kinder schlagen? 63
5. Helfende Wirkung 68
6. Vorbeugend eingreifen 74
7. Die ersten sieben Lebensjahre 81
8. Das 7.—14. Lebensjahr 87
9. Das 14.—21. Lebensjahr 95
10. Umwandlung der Fehler 102
11. Selbsterziehung des Erziehers 111
12. Wandlung der Strafe 116

Die Strafe
in der Selbsterziehung

Erfahrung und Strafe

Bei moralischen Fragen ist es oft nützlich, sich ihnen ganz von außen, gleichsam vom noch völlig a-moralischen Vorlande her zu nähern. So kann man bei dem Problem der Strafe sehr wohl von Lebensgebieten und Lebenserfahrungen ausgehen, auf die man dieses Wort sonst nie und nimmer anzuwenden pflegt. Man kann z. B. die folgenden Situationen durchdenken.

Da ist ein Ingenieur, der eine neue Maschine konstruiert hat. Sie ist in allen Details mit größter Sorgfalt überlegt, gezeichnet, berechnet und schließlich gebaut worden. Jetzt soll sie zum ersten Male laufen. In solchen Fällen zeigt sich immer wieder, daß trotz aller Erfahrung und der umsichtigsten Überlegungen nun doch noch Fehler zum Vorschein kommen, die man nicht erwartet hatte, störende Faktoren, die dem planenden Denken noch entgangen waren. Die Maschine hat, wie der Ingenieur sagt, noch Kinderkrankheiten, die dann in der Praxis nach und nach überwunden werden.

Oder: Ein Kaufmann hat auf einen bestimmten Bedarfsmoment hin Vorräte eingekauft. Es zeigt sich aber, als die Ware wirklich gebraucht wird, daß die vorrausschauende Schätzung und Berechnung bei weitem nicht umfassend und genau genug war. Der tatsächlich eintretende Bedarf ist größer oder kleiner, er richtet sich auf andere Qualitäten und dergleichen mehr. Je größer die geschäftliche Erfahrung ist, die aus Erfolgen und Mißerfolgen gewonnen wird, desto genauer und zuverlässiger wird die Vorüberlegung sein können.

Die Beispiele ließen sich beliebig vermehren. So wie der Skifahrer, der durch Hinfallen lernt, die Neigung des Geländes etc. richtig einzuschätzen, so gehört der Stratege hierher, der bereit ist, das Bild, daß er sich von der Stellung und der Stärke des Feindes macht, in jedem Augenblick nach den neu einlaufenden Meldungen zu ändern und entsprechend angepaßte Befehle zu geben; der Mann der Wetterprognose ebenso wie der Personalchef, der Fähigkeiten und Charakter eines neuen Angestellten vorher einzuschätzen sucht.

In allen solchen Fällen liegt ja dies vor, daß aus dem Erfolg oder Mißerfolg erst gesehen werden kann, wie weit das vorher vorhandene Gedankenbild mit der dann eintretenden Wirklichkeit übereinstimmt und in welcher Richtung es der Verbesserung bedürftig war. Letzten Endes handelt es sich dabei immer um Bewußtseinsfragen, handelt es sich darum, ob es gelingt, sich schon vor dem eintretenden Fall die ganze Fülle der Einsatzfaktoren so konkret, so genau, so umfassend vorstellen zu können, daß die Maßnahmen, die man auf Grund des vorher geformten Bildes ergreift, zu einem Ergebnis führen, das nun tatsächlich den Erwartungen entspricht.

Dabei sind gerade die ganzen oder teilweisen Mißerfolge besonders lehrreich. Sie sind die Veranlassung, daß die Vorstellungen immer genauer, sachlicher und richtiger ausgeformt werden, daß das vorschauende Bewußtsein immer mehr ausgeweitet wird. Auf solcher Bewußtseins-Erweiterung beruht schließlich alles Lernen, wo es sich nicht nur im Anhäufen von Wissen erschöpfen, sondern wo es zu einem Handeln führen will, das gestaltend ins Leben eingreift. Und ebenso beruht darauf das, was man im weitesten Sinne Erfahrung nennt, sei es Berufs- oder Lebenserfahrung. Überall erfolgt aus der immer und immer wieder erweiterten Einsicht die Korrektur, ein stetes Hinundhergehen von Anschauen und Durchdenken des Ausgeführten zur Verwertung der Erkenntnisse bei neuer Planung.

Und wie gesagt, die Mißerfolge werden als besonders lehrreich erlebt. Denn die Erkenntnis, die Erfahrung werden ja mit aller Kraft gesucht. Man nimmt Mühe und Risiko auf sich, wenn man nur hoffen kann, daß das Ergebnis gerade diejenigen Faktoren offenbar machen wird, die sich dem Bewußtsein bisher noch entzogen hatten.

Von Strafe im moralischen Sinne wird in all diesen Fällen gewiß niemand reden. Es mag im Scherz anklingen, wenn gesagt wird, es sei die gerechte Strafe, daß man in den Beinen haben müsse, was man nicht im Kopf hatte, oder wenn man vom Lehrgeld spricht, das man zahlen müsse. Aber das Lehrgeld wird im Grunde gerne bezahlt, denn Erfahrung, Sachkenntnis, praktische Geschicklichkeit, umfassendes, vorschauendes Bewußtsein ist ja das, was jeder anstrebt, der sich sicher fühlen möchte gegenüber den Aufgaben, die an ihn herantreten werden.

Sobald das Handeln nun aber auf das moralische Gebiet übergeht, da ändert sich die Lage sogleich ganz entscheidend. In bezug auf die Fehlhandlungen, die der Mensch aus seinen moralischen, seinen charakterlichen Fehlern und Schwächen heraus begeht, wird die Vertiefung der Einsicht keineswegs mit derselben Kraft und Zielstrebigkeit gesucht wie gegenüber der mangelnden Einsicht. Im Gegenteil, hier mischen sich in immer wieder überraschender Fülle und Stärke die Wünsche, die Illusionen und Vorspiegelungen ein. Es mag schon auch die Eigenliebe und Eitelkeit verletzen, wenn zugestanden werden muß, man habe nicht die notwendige Klugheit, Erfahrung und Sachkenntnis besessen, so daß jetzt Mißerfolge zuzugeben sind. Aber wie leicht ist doch das gegenüber der Notwendigkeit, zuzugestehen, daß der Mißerfolg aus Bequemlichkeit, aus Genußsucht, aus Unwahrhaftigkeit entsprungen, daß man egoistisch, habsüchtig, gehässig, neidisch, ehrgeizig gewesen sei. Denn damit, daß dies zugestanden wird, wird ja im Grunde auch schon die Verpflichtung ausgesprochen, es zu ändern. Und da liegt es eben. Unzureichende Vorstellungen und Erkenntnisse zu ändern ist eine viel weniger tief ins eigene Fleisch einschneidende Aufgabe als die, an dem eigenen moralischen Wesen, am Charakter und am Willen zu arbeiten. Dazu bedarf es unvergleichlich größerer Anstrengungen, und weil die gescheut werden, wird auch die Erkenntnis und Anerkenntnis gescheut, daß sie nötig seien. Oder genauer gesagt, selbst wenn diese Erkenntnis sich durchringen will, wenn die Wahrheit über die eigenen Schwächen geahnt wird, so treten gerade dann im Seelenleben Kräfte auf, die das Zustandekommen der Einsicht doch wieder verhindern, die die Tatsachen färben, unrichtig beleuchten, verschönern, verschleiern. Das unendlich viel schlauere Unterbewußte beginnt sich zu wehren; die Instinkte, das Dumpfere, Gefühlsmäßige in der Seele nimmt den Kampf auf und dämpft immer wieder die helle Klarheit des Bewußtseins herab.

Das geht in tausend Formen vor sich; das Unterbewußtere im Menschen ist unerschöpflich im Erfinden von täuschenden Masken. Immer wieder wird erlebt, wie derjenige, (oft genug wird man es selbst sein) der einem anderen kränkende, verletzende, schnöde Dinge gesagt hat, dann mit sich selbst sehr zufrieden ist, wie er sich auf seine Offenheit, seine Freimütigkeit, sein ungeschminktes Aussprechen dessen, was eben wahr ist, etwas zugute tut. Raffinierter Egoismus verbirgt sich hinter der meist sogar selbst geglaubten Versicherung, man tue doch alles, alles rein um des anderen willen; z. B. bei jener Art der Mutterliebe, die man wohl Affenliebe nennt, und die letztlich doch im Kinde nur sich selbst genießen will. Überhaupt spielt der Selbstgenuß hier eine große Rolle. Es ist viel angenehmer, sich als reiner Idealist vorzukommen, als hart an der konkret-sachlichen Erkenntnis der eigenen, unerfreulichen Wirklichkeit zu arbeiten. Immer wieder wehrt sich das Unterbewußte gegen eine wahre Selbsterkenntnis, deckt Schleier über die eigenen Schwächen, beschönigt ungute Taten, die geschehen sind. Und es wird nötig, daß Dinge erlebt werden, die sich der Umdeutung und Verschleierung stärker widersetzen können, die eine tiefer greifende Erkenntnis, eine wirkliche Erweiterung und Erweckung des Bewußtseins gleichsam erzwingen.

Das können etwa Erlebnisse folgender Art sein: Jemand der zu Zeiten in Jähzorn verfällt und der das bisher bei sich selber als Äußerungen männlicher Kraft betrachten und darauf stolz sein konnte, kommt in die Lage, bei einem anderen einen solchen Jähzornanfall mit ansehen zu müssen. Und da erkennt er nun, durch das Widerwärtige des Anblicks getroffen, ganz plötzlich, wie hinter dieser scheinbaren Kraft ja in Wahrheit nichts anderes steckt, als eine erschreckende Schwäche der Selbstbeherrschung, wie hier fast tierische Triebe die Herrschaft gewinnen über die menschlichen Bewußtseinskräfte. — Oder um ein harmloses Beispiel zu nehmen: Jemand, der sich aus Mangel an innerer Disziplin unordentliche Essensmanieren angewöhnt hat, erschrickt, wenn er einen solchen umschönen Anblick bei einem Gegenübersitzenden mit ansehen muß.

Beide Male ist es die Gegenüberstellung, die da wirksam wird, gleichsam das sich selbst im Spiegel Anschauen.

Denn solch ein Spiegelungsbild steht ja mit ganz anderer Kraft und Standfestigkeit da als Vorstellungen, die aus dem eigenen Inneren hervorkommen, wo die Wünsche und Triebe verschleiernd wirken können. Diese Spiegelungsbilder aber kommen von außen heran, man hat keinen Einfluß auf sie, kann sie in keiner Weise nach seinen Wünschen verändern. Gewiß, man kann versuchen, gleichsam innerlich wegzuschauen, es nicht sehen, nicht wahr haben zu wollen. Aber irgendwie greift es doch ein. Als objektiv dastehendes, von der eigenen Willkür unbeeinflußbares Bild greift es sogar viel tiefer ins Bewußtsein, auch in das sogenannte Unterbewußtsein hinunter als bloße Gedanken, und um so kräftiger, je genauer das Bild wirklich eine wahre Spiegelung des eigenen Verhaltens ist.

Oft kommt auch ein solches Erlebnis durch ein Wort zustande, das einem entgegengeworfen wird und das man, ärgerlich und widerwillig genug, als treffend anerkennen muß. So erzählt St. Augustinus in seinen „Bekenntnissen" (IX, 8) von seiner Mutter Monika, sie habe sich als ganz junges Mädchen angewöhnt, wenn sie zum Weinholen in den Keller geschickt wurde, von diesem Wein zu naschen, und diese Gewohnheit habe sich immer mehr festgesetzt, bis ihr eines Tages eine Sklavin im Streit das Wort „Meribibula" (Weinsäuferin) entgegenrief. „Das traf sie wie mit einem Stachel, und wie mit einem Male sah sie das Häßliche an ihrem Tun, verdammte es und warf es von sich."

Eine andere Art des Erlebnisses, durch die eine wahrere, aufrichtigere Selbsterkenntnis gleichsam erzwungen wird, kommt dadurch zustande, daß die Folgen eigener Taten hinterher angeschaut werden, wenn man sie nicht mehr ändern kann, wenn sie sich dem subjektiven Wunsch- und Leidenschaftsleben entzogen haben und objektiv geworden sind. Vorher hat man nicht sehen wollen oder können, jetzt m u ß man sehen. Vorher sah man die Wunschbilder, jetzt sieht man die Wirklichkeit, die so ganz anders ausschaut. Schiller hat das Erlebnis am Schluß der „Braut von Messina“ prägnant ausgesprochen: „Ein anderes Antlitz, eh’ sie geschehen, ein anderes zeigt die vollbrachte Tat.“

Das gilt für den Einzelnen ebenso, wie für die Völker und Staaten. Vor der Schlacht bei Jena im Jahre 1806 waren in Preußen schon fast alle die Männer vorhanden, die dann später die moralische, politische und militärische Erneuerung herbeiführten. Aber man hörte sie nicht, weil man den eingetretenen Verfall nicht sah und nicht sehen wollte. Das Bewußtsein war getrübt. Die Königin Luise sprach es aus: „Wir waren eingeschlafen auf den Lorbeeren Friedrichs des Großen.“ Aber auch sie konnte dies erst sagen, nachdem der Zusammenbruch tatsächlich erfolgt war. Mit der Niederlage von Jena begann das Erwachen. Man sah, was wirklich gewesen war; die Schleier des Stolzes und der Illusionen waren auf die grausamste Art weggewischt worden. Man k o n n t e die Augen nicht mehr verschließen. Und nun wurde es für die Fichte und Schleiermacher, die Stein und Scharnhorst möglich, mit dem Reformwerk zu beginnen.

Beispiele dafür, wie die Täuschungen gerade aus den besten Absichten erwachsen, sieht man in den heute so häufigen Fällen, wo sich Menschen aus Pflichtgefühl, aus der Meinung, unentbehrlich zu sein, aus Freude an der Arbeit, dagegen wehren, einsehen zu wollen, daß ihre Kräfte erschöpft und schon überbeansprucht sind. So mag es denn geschehen, daß ein in höchstem Maße überanstrengter Chirurg erleben muß, daß ihm aus seinem Zustand heraus eine Operation, die er oft genug ausgeführt hat, plötzlich einmal mißlingt. Jetzt steht das Unglück, das er angerichtet hat, in seiner quälenden Unabänderlichkeit vor ihm und zwingt ihm die Erkenntnis auf, daß er es hätte vermeiden können, wenn er rechtzeitig die Symptome der Überarbeitung beachtet hätte, die ihm als Arzt doch gut genug bekannt sein mußten.

In solchen Fällen, wo das Zerreißen der täuschenden Bewußtseins-Schleier erzwungen wird, sei es daß solch ein spiegelndes Abbild des eigenen Tuns erblickt wird, sei es daß die objektiv gewordenen Folgen sich unabweisbar in die Selbsterkenntnis eindrücken, da geschieht es wohl, daß das Wort „Strafe“ fällt.

Am leichtesten wird es zunächst von unbeteiligt Danebenstehenden ausgesprochen, im Scherz oder im bittersten Ernst. So wie man wohl bei einer Bootsfahrt einem jungen Mann, der sich wichtig machen möchte, der aber dann ins Wasser fällt und eine klägliche Figur abgibt, sagt, das sei „seine gerechte Strafe“, so wird man das auch sagen von dem Wucherer, der plötzlich bettelarm wird, von dem Betrüger, der betrogen wird, von dem Lügner, dem niemand mehr glaubt. Und man wird unter der „gerechten“ Strafe gerade die Fälle verstehen, wo die Tat und die Folge einander in innerer Logik entsprechen, wo die Folge gleichsam die genaue spiegelbildliche Antwort auf die vorherige Handlung ist.

Aber auch demjenigen, der selbst Fehler gemacht oder schlechte Handlungen begangen hat, mag sich im Anblick der Folgen, besonders wenn sie sich auf ihn selbst zurückwenden, das Wort auf die Lippen drängen: „Das trifft mich mit vollem Recht; das ist die Strafe, die ich verdient habe.“

Der Schmerz

Wenn der Ingenieur bei der neugebauten Maschine unerwartete Fehler entdeckt, so wird er enttäuscht sein, wird es bedauern, wird sich ärgern, je nach Gemütslage, aber er wird es zuletzt doch mit Sachlichkeit hinnehmen, weil sich ja alle Konstruktionsarbeit von Maschinen auf sachlicher Ebene abspielt. Ganz anders verhält es sich, wenn es sich um moralische Fehler handelt, bei denen von vorne herein die persönlichsten Eigenschaften des Menschen, seine Leidenschaften, seine Instinkte und Triebe in viel höherem Maße hineinspielen. Da geht das, was im vorigen Abschnitt beschrieben wurde, das Anschauen der bildhaften Abspiegelung der eigenen Tat und das Betrachten ihrer jetzt vom Willen des Menschen abgelösten, objektiv gewordenen Folgen so gut wie niemals in völliger Seelenruhe vor sich, sondern das ganze Gefühlsleben wird mehr oder weniger stark in Mitleidenschaft gezogen. Das ist auch bei den im vorigen Abschnitt dargestellten Beispielen der Fall. Und wenn es dort um der klareren Scheidung der verschiedenen Faktoren willen zunächst weniger in Betracht gezogen wurde, so ist damit, genau genommen, ein einseitiges Bild gezeichnet worden, das nach der Gefühlsseite hin durchaus der Ergänzung bedarf.

Was nun in solchen Fällen an Gefühlen erlebt wird, ist natürlich von der allermannigfachsten Art. An den Beispielen vom Zusammenbruch Preußens 1806 und vom überarbeiteten Chirurgen mag man sich die ganze Skala im einzelnen ausmalen: Erstaunen, Enttäuschung, Schreck, Zorn, Niedergeschlagenheit, Empörung, Entsetzen, Verzweiflung, vor allem aber eine tiefe Scham und ein brennender Schmerz. Es ist jene unendliche Mannigfaltigkeit der Gefühlsbewegungen, die man unter dem Namen der Reue zusammenzufassen pflegt. Und es ist gerade der mit der Reue verbundene Schmerz, durch den nun tief und gewaltsam in die Seele, in die Vorstellungswelt und Bewußtseinslage des Menschen hineingegriffen wird.

Wenn schon körperlicher Schmerz aufschrecken und wachmachen kann, so ist das bei seelischen Schmerzen in noch viel höherem Maße der Fall. Da wird nicht nur das Gefühlsleben in mächtig wellende, flammende Bewegung gesetzt, sondern der ganze Mensch wird aufgestört aus seiner Ruhe. Er wird aus dem bequemen Schlendrian seiner Gedanken- und Gefühlsträumereien grausam herausgerissen. Der Schmerz greift mit harter, unerbittlicher Hand bis in die tieferen Schichten des Wesens und Bewußtseins hinunter und leuchtet dort unten in das hinein, was der Mensch so gerne vor sich selbst verborgen halten möchte. Jetzt muß es offenbar und anschaubar werden. Dieses Bewußtwerden, zum Wissen-Heraufgebrachtwerden, das ist ja das, was „Gewissen“ heißt. Und so ist der Schmerz in der Tat als der große Gewissenserwecker der strenge und harte, aber echte und treue Freund des Menschen.

Selbstverständlich rufen solche Schmerzerlebnisse seelische Gegenbewegungen hervor. Sehr selten werden sie von Anfang an als „gerechte Strafe“ in Ergebung hingenommen. Meist ist das Gegenteil der Fall. Die heftigste Gegenwehr, der wildeste Kampf zwischen Gewissen und Eigenliebe setzt ein. Der Mensch schlägt gleichsam um sich, er schleudert dem Schicksal und der göttlichen Lenkung seinen Zorn entgegen, klagt sie der Ungerechtigkeit, der Treulosigkeit, der Grausamkeit an, so wie sich Parzival in dem Wolframschen Gedicht von Gott lossagt und ihm Feindschaft ankündigt, als ihn Kundries Fluch aus dem Kreise der Artusritter ausgetrieben hat.

Jedoch solch leidenschaftliches Toben, solcher Ingrimm und Zorn muß allgemach abklingen, die Wellen werden ruhiger. Aber das Anschauen der Folgen der Tat bleibt unerschütterlich und unerbittlich gleich. Und in der durch Scham und Schmerz mächtig aufgewühlten Seele ist der Boden gelockert worden für viel gründlichere, weit tiefer ins Unterbewußte eingreifende Erkenntnisse, als sie vorher möglich gewesen wären. Wenn auf die ersten Erregungen des sich aufschreckenden und entgegenstemmenden Trotzes als Reaktion etwas eintritt wie ein inneres Ruhebedürfnis, dann ist die Wahrnehmungsfähigkeit für die Wahrheit in aller ihrer Objektivität besonders groß. Dann kann die innere Reinigung der Seele vom bloß Leidenschaftlichen, die Katharsis der Tragödie, ihren Anfang nehmen. Und damit beginnt sich nach und nach auch für die Erkenntnis der innere gesetzliche Zusammenhang zwischen dem Getanen und dessen leidbringenden Folgen abzuzeichnen. Schmerz und Leid können langsam immer eindeutiger als unerläßliche, aber gerechte Folgen erkannt werden, eben als die „Strafe", die den Menschen notwendigerweise treffen muß, und die er, je nach der in ihm herrschenden Anschauungswelt, als vom Schicksal oder als von göttlichen Mächten herbeigeführt ansehen wird.

Alles dies muß nicht eintreten, aber es kann eintreten. Es ist bekannt, wie es oft Jahre und Jahrzehnte lang gelingen kann, die Gewissensstimme zu unterdrücken und den bohrenden Reueschmerz zu verdrängen, und wie dann doch zuweilen die Erkenntnis der Wahrheit durchbricht. Auch bei Parzival braucht es lange Zeit. Erst nach Jahren, an jenem Charfreitag, kann er die innere Frage wirklich hören und vor Trevrizent das aussprechen, was sich durchgerungen hat:

Hêrr, nu gebt mir rât,
Ich bin ein man, der sünde hât.

Aber die Erhellung der Einsicht und die Erregung des Reuegefühls allein genügen noch nicht. Damit das, was durch schlechte Handlungen aus der sittlichen Harmonie, aus dem Gleichgewicht geraten ist, wieder richtig eingeordnet, wieder recht gerichtet, wieder in die Gerechtigkeit zurückgebracht wird, muß der Schritt getan werden, der aus den zunächst im Subjektiven verbleibenden Einsichts- und Gefühlserlebnissen hinausführt in die objektive Welt des Handelns. Böses Handeln muß durch gutes Handeln wieder zurecht gerückt, wieder ausgeglichen werden. Und wiederum ist es die Eigenart und die Größe des mit den Erlebnissen von Reue und Straferkenntnis verbundenen Schmerzes, daß ihm die Macht verliehen sein kann, bis in die Willens- und Entschlußsphäre im Menschen hinunterzuwirken. Aus der Scham und dem Leid über die eigene Schwäche, über die eigene Sündhaftigkeit kann, wenn auch gewiß nicht in jedem Falle, eine wirkliche Wesensumwandlung hervorgehen.

Es kann sein, daß durch ein vor das Bewußtsein hintretendes Bild ganz plötzlich Fehler, die bisher ohne Erfolg bekämpft wurden, jetzt wie mit einem Feuerbrand ausgetilgt erscheinen. Es sei an die Geschichte von St. Augustinus' Mutter erinnert. „Das traf sie wie mit einem Stachel, und wie mit einem Male sah sie das Häßliche an ihrem Tun, verdammte es *und warf es von sich.*“ Oder es kann durch das Anschauen-Müssen des Unheils, das durch die böse Tat andere Menschen getroffen hat, der heiße Wunsch und der feste Entschluß entstehen, dies Unheil, soweit nur irgend möglich, wieder auszugleichen, wieder gutzumachen, den Schaden und das Leid von dem anderen auf sich selbst zu übernehmen. Und es kann und muß der Entschluß gefaßt werden, all die schweren Erlebnisse, die Anstrengungen und Opfer, die mit dem Sühnen äußerlich und besonders auch innerlich verbunden sind, als gerechte und heilsame Strafe auf sich zu nehmen.

Damit ist dann der letzte Schritt dessen getan, was man eben in dem hier gebrauchten, erweiterten Sinne Strafe, Schicksalsstrafe, Erziehungsstrafe des Erwachsenen, oder wie immer nennen kann. Durch das schmerzliche Gefühl der Reue und die vertiefte Einsicht ist das Bewußtsein so eindringlich aufgeweckt worden, daß erregende Helligkeit auch bis tief in die bisher unterbewußten Willenssphären hineindrang. Die willenshaft tätige Reue, der eigentliche Sühnewille sind erwacht. Das Bessermachen, die Wesensumwandlung kann beginnen.

Wo im Evangelium das Wort Sinnesumwandlung (metanoia) gebraucht wird, ist es immer auch im Sinne solcher Umwandlung des g a n z e n Menschen, bis in alle Willenstiefen hinein gemeint, bis hin zu dem „und sündige hinfort nicht mehr“.

Rudolf Steiner über die Vertiefung des Bewußtseins durch die Strafe

Es waren vier Stufen, oder vier Faktoren, die sich uns ergeben haben, als wir solche Erlebnisse des Menschen betrachteten, die ihn dazu führen können, Schicksalsschläge, die ihm zustoßen, als ihn zu Recht treffende „Strafe“ anzuerkennen.

Erstens: das bildhafte Anschauen, sei es in der Spiegelung dessen, was andere tun; sei es in den Folgen des Selbst-Getanen.

Zweitens: die unabänderliche, von allen subjektiven Vorstellungen und Gefühlen losgelöste, objektiv gewordene Tatsächlichkeit in den Folgen der Taten.

Drittens: die Erregung des Gefühls (Reuegefühls) durch den im Anschauen oder durch die Rückwirkung des Getanen erlebten Schmerz.

Viertens: der Willensentschluß (der tätigen Reue) zur Sühne, zum moralischen Ausgleich, zum Bessermachen in der Zukunft.

Das Wichtigste aber, das eigentliche Kernstück des ganzen Ablaufs, das hinter diesen vier besprochenen Schritten als das letztlich Entscheidende dahintersteht, ist die dabei stattfindende Bewußtseins-Umänderung. Umfang, Tiefe und Helligkeit des Bewußtseins schreiten vor, so daß seine Kraft nun hineinleuchten und hineinwirken kann auch in Schichten, die bisher im Halb- oder Tiefschatten der Unterbewußtheit lagen. Der Mensch erlebt einen echten Aufwach-Vorgang.

Auf diese grundlegende, das ganze Problem der Strafe entscheidend aufhellende Tatsache hat Rudolf Steiner im Jahre 1916 aufmerksam gemacht in einem Vortrage, den er am 1. Februar in der Anthroposophischen Gesellschaft in Berlin gehalten hat. Dieser Vortrag ist (nach einer nicht durchgesehenen Nachschrift) gedruckt in dem Vortragszyklus: „Notwendigkeit und Freiheit im Weltenleben und im menschlichen Handeln.“ * Die dort gemachten Ausführungen sind so wichtig für die hier betrachtete Frage, — und ihre Fruchtbarkeit wird durch den Gang des Büchleins hin immer noch deutlicher hervortreten, — daß sie hier im vollen Wortlaut angeführt werden sollen. Es heißt da:

* 2. Aufl. 1960. GA 166

„... weil im Ernste, in vollem Ernste, derjenige, der gestohlen hat, gar nicht hat stehlen wollen, sondern er hat dasjenige wollen besitzen, was er sich gestohlen hat. Das Stehlen hätte er fein gelassen, wenn Sie ihm das geschenkt hätten, was er gewollt hat, oder wenn er's auf eine andre Weise hätte kriegen können als durch das Stehlen!

Es ist ein eklatanter Fall. Aber in einer gewissen Weise gilt das für alles, was eigentlich in Betracht kommt als schlechte Tat. Die schlechte Tat als solche, unmittelbar so, wie sie ist, ist eigentlich nie gewollt; und die Sprache, die hat ein feines Gefühl für die Sache: wenn die schlechte Handlung vorbei ist, ‚regt sich das Gewissen'. Warum regt sich das Gewissen? Weil jetzt erst die schlechte Tat zum Wissen erhoben wird. Sie geht hinauf ins Wissen. Da, wo sie sich vollzogen hat, da war eigentlich im Wissen drinnen das Andre, um dessentwillen die schlechte Tat vollzogen worden ist. Die schlechte Tat liegt nicht im Wollen; und auch die Reue, sie hat den Sinn, daß der Betreffende zum Wissen heraufhebt, wie er sich hat das Bewußtsein trüben lassen in dem Moment, wo er die schlechte Tat ausgeführt hat. Wir müssen immer davon sprechen: wenn jemand eine schlechte Tat ausübt, so ist dasjenige, um was es sich handelt, das, daß sein Bewußtsein für diese Tat getrübt hat, herabgestimmt war, und daß es sich für ihn darum handelt, eben ein Bewußtsein für solche Fälle zu gewinnen, wie der einer war, für den das Bewußtsein herabgestimmt war. Alles Bestrafen hat nur den Sinn, solche Kräfte in der Seele aufzurufen, daß das Bewußtsein auf solche Fälle sich auch erstreckt, die sonst bewirken, daß das Bewußtsein sich ausschaltet...

Nun hat man über die Gründe, warum gestraft werden soll, viele, viele Theorien aufgestellt. Die einzig mögliche findet man nur, wenn man weiß, daß es sich darum handelt, mit der Strafe die Kräfte der Seele so anzuspannen, daß das Bewußtsein sich erweitert über Kreise, über die es sich vorher nicht erstreckt hat.

Und dies ist auch die Aufgabe der Reue. Die Reue soll gerade darinnen bestehen, die Tat so anzuschauen, daß sie durch ihre Gewalt ins Bewußtsein heraufgehoben wird, so daß das Bewußtsein nun den Zusammenhang so überschaut, daß das nächste Mal es nicht wieder ausgeschaltet werden kann."

Die Läuterungszeit nach dem Tode und das Gesetz des Schicksals (Karma)

Es ist in allem bis hierher Ausgeführten immer nur von den „vollständigen" Fällen die Rede gewesen, wo der ganze Verlauf von der unguten Tat an über alle die angeführten Stufen bis zur ausgleichenden Sühnehandlung hin wirklich durchgemacht wurde. Nun kommen wohl aber ebenso häufig auch die Fälle vor, wo die sühnende Wiedergutmachung des schuldhaft Vollbrachten gar nicht mehr eintreten kann, ungeachtet aller Wünsche des reuigen Täters. Sei es, daß der von der Tat Getroffene jede Wiedergutmachung und Versöhnung voller Zorn von sich weist; sei es, daß die beiden sich gar nicht wieder begegnen, oder aus welchen Gründen sonst immer. In jedem Falle wird ein Sühnewille, der nicht mehr zur Ausführung kommen kann, eine starke Vertiefung und Verschärfung des Schmerzes der Reue mit sich bringen.

Besonders verschärft wird die Situation noch dann, wenn etwa der Schuldige durch das, was er getan hat, selbst dem Tode entgegengehen muß. Diesen letzteren

Fall hat oft und sehr eindringlich die antike und moderne Tragödie zu ihrem Gegenstand gewählt. In immer neuen Formen hat sie dargestellt, wie ein großer Mensch in Schuld verwickelt wird, die ihn in den Untergang führt, wie er aber, indem er im Anblick seines Todes seine Taten durchschauen lernt, immer deutlicher auch das gerechte Wirken der schicksallenkenden Mächte erkennt. Der heroische Trotz verwandelt sich durch die weckende, reinigende Kraft des Schmerzes in Ergebung und Dankbarkeit gegenüber dem gnadenvollen Eingreifen der Gottheit.

Aber die Tragödie hat da nichts dargestellt, was nicht auch in der Geschichte und im Leben geschehen würde. Die Überlieferung des Mittelalters hat ein eindrucksvolles Beispiel dafür aufbewahrt. Kaiser Heinrich IV., der Salier, ist von seinem großen Gegner, dem Papst Gregor VII., in den Bann getan. Mehr, der Papst versucht, ihn durch einen Gegenkönig zu verdrängen, und zu dieser Rolle ist sein bisheriger Lehnsmann, Herzog Rudolf von Schwaben, ausersehen. Die Abgesandten des Papstes predigen durch ganz Deutschland hin die Lehre, daß ein Treueid, den man ehemals einem Manne geleistet habe, der nun vom Kirchenbann getroffen ist, null und nichtig sei. Daraufhin nimmt Rudolf von Schwaben die Königswahl an und führt die Fürsten und Krieger, die sich um ihn scharen, gegen Heinrich, seinen früheren Lehnsherren, ins Feld. In der Nähe von Merseburg kommt es zum Kampf. Rudolf wird von einer Lanze durchbohrt, und es wird ihm die rechte Hand abgehauen. Er liegt sterbend auf dem Schlachtfeld, seine Getreuesten stehen um ihn. Da ergreift er, so wird erzählt, mit der linken Hand die abgehauene Rechte, hält sie in die Höhe und ruft: „Seht her, das ist die Hand, mit der ich meinem Herrn und König die Treue geschworen habe. Diesen Eid habe ich gebrochen und deshalb muß ich hier liegen.“ — Alle vorgespiegelten Gedanken sind wie weggewischt und weggebrannt. Ein Eid ist wieder ein Eid, und ein Treubruch ein Treubruch. Die Waage der Gerechtigkeit ist wieder „gerichtet", ist wieder ins Gleichgewicht gekommen. Die Größe des unerbittlichen Schicksals hebt auch den Menschen zur vollen Größe seines Charakters empor, die vorher oft unter Verwirrung und Leidenschaft verhüllt bleiben mußte.

Aber so gewaltig auch die Aufhellung und Vertiefung des Bewußtseins über das eigene Wesen im Angesichte des Todes oft sein mag, sie muß doch immer Stückwerk bleiben. In unendlich vielen Fällen scheint doch auch in diesem letzten Lebensmomente nicht das geringste derartige einzutreten. Und vor allen Dingen: eine wirklich fruchtbare Weiterentwicklung des jetzt neu Errungenen wird ja durch das gleich darauf folgende Lebensende ein für alle Male abgeschnitten.

Wenigstens scheint das für viele heute herrschenden Anschauungsweisen so zu sein; sei es nun, daß für ein materialistisches Denken mit dem Tode das individuelle Leben überhaupt zu Ende ist; sei es, daß dort, wo man irgendeine Art von Weiterexistenz gelten lassen will, doch alle Vorstellungen, die man sich darüber bilden kann, höchst unsicher und nebelhaft bleiben.

In der katholischen Kirche freilich hat man durchaus konkrete und klar umrissene Vorstellungen über den Zustand des Menschen nach dem Tode, über die Seligkeit, die Verdammnis und über das Reinigungs- oder Fegfeuer. Für die Zeit des Fegfeuers trifft nun auch in vieler Beziehung das zu, was wir hier bisher über die Strafe entwickelt haben: das Schmerzvolle, das Erkenntnisweckende und vor allem eben das Reinigende; aber es fehlt völlig die Möglichkeit, daß diese Erlebnisse sich noch irgendwie in

Taten der ausgleichenden Wiedergutmachung auswirken können. Denn die Verdammnis wie die Seligkeit, in die die Seelen nach ihrer Zeit der Reinigung übergehen, sind ja ewig. Von ihnen führt kein Sühnewille mehr zu solchen Taten hinüber, die in der Zeitlichkeit des irdischen Lebens geschehen könnten.

In sehr alten Zeiten, die heute im Orient noch nachklingen, war die Anschauung anders. Man sprach und spricht auch dort von einer Reinigungs- und Strafzeit nach dem Tode. Unzählige Darstellungen z. B. an den Wänden indischer und japanischer Tempel bilden diese Erlebnisse in oft schauererregenden Formen ab, die zuweilen stark an mittelalterliche Darstellungen der Höllenstrafen und des Fegfeuers erinnern. Aber das Unterscheidende an diesen orientalischen Anschauungen liegt nun vor allem darin, daß nicht gemeint wird, der Mensch müsse ewig in diesen Qualen bleiben, sondern daß er, nachdem er sie und ihre reinigende, richtende und richtungweisende Wirkung durchgemacht hat, später wieder ins irdische Leben zurückkehrt, um hier durch ausgleichende, sühnende Taten in seinem Wesen und Schicksal weiter vorzuschreiten. So soll er zwischen irdischen Verkörperungen und leibfreien Zeiten, die unter anderem auch der Reinigung dienen, im Laufe langer, langer Zeiten zu immer höheren Stufen der Weisheit und Güte aufsteigen.

Rudolf Steiner hat in mancher Beziehung Ähnliches ausgesprochen. Er hat es nicht vom Orient übernommen, wie man ihm oft vorwarf, sondern er hat das, was er darüber sprach und schrieb, in selbständiger und unabhängiger geistiger Forschung gefunden. Er hat deshalb die Ergebnisse seiner Forschung auch nicht in der uralt überlieferten orientalischen Bildersprache ausgesprochen, sondern in den Vorstellungen und Begriffen, die die Sprache des modernen abendländischen Bewußtseins sind. Dadurch sind sie dem modernen wissenschaftlichen Denken zugänglich gemacht, so daß es sich im selbstverantwortlichen eigenen Erkenntnisakt mit ihnen auseinandersetzen kann. Alles Dogmatische einerseits und mystisch Vernebelnde andererseits ist dadurch ausgeschaltet. Die Freiheit des Menschen bleibt im strengsten Sinne gewahrt.

Rudolf Steiner hat das Leben des Menschen nach dem Tode sehr vielfach, eingehend und von den mannigfachsten Gesichtspunkten her dargestellt. Es soll hier versucht werden, eine Zusammenfassung dessen zu geben, was sich über dies Thema in seinem Buche „Die Geheimwissenschaft im Umriß“ findet, und zwar in dem Kapitel „Schlaf und Tod“. Soweit wie möglich werden die Zitate wörtlich gegeben. Es wird dabei aus dem umfangreichen Kapitel das ausgewählt, was für den hier vorliegenden Zweck in Frage kommt. Kurze, zusammenfassende Überleitungen und einmal auch eine Ergänzung aus einem anderen Werk Rudolf Steiners sind in Klammern eingefügt.

„Das ist das erste Erlebnis des Menschen nach dem Tode. Er nimmt das Leben zwischen Geburt und Tod als eine vor ihm ausgebreitete Reihe von Bildern wahr. (Das Anschauen dieser Bilder, die sonst auch als das ‚Lebenstableau‘ bezeichnet werden, dauert nur wenige Tage. Dann verschwinden sie. Es beginnt dann die ‚Läuterungszeit‘.)

Das Ich hat in sich eine Läuterung und Befreiung ..... herbeizuführen. Aus ihm muß alles herausgetilgt werden, was an Wünschen von ihm innerhalb des Leibes erzeugt worden ist und was in der geistigen Welt kein Heimatrecht hat. Wie ein Gegenstand vom Feuer erfaßt und verbrannt wird, so wird die geschilderte Begierdenwelt nach dem Tode aufgelöst und zerstört .....

Während der Läuterung lebt der Mensch gewissermaßen nach rückwärts. Er macht alles dasjenige noch einmal durch, was er im Leben seit der Geburt erfahren hat. Von den Vorgängen, die dem Tode unmittelbar vorausgingen, beginnt er und erlebt alles nochmals bis zur Kindheit in rückwärtiger Reihenfolge. ..... Ein Mensch, der z. B. im sechzigsten Jahr gestorben ist, und der aus einer zornigen Aufwallung heraus in seinem vierzigsten Jahre jemand körperlichen oder seelischen Schmerz zugefügt hat, wird dieses Ereignis noch einmal erleben, wenn er bei seiner rückgängigen Daseinswanderung nach dem Tode an der Stelle seines vierzigsten Jahres angelangt ist. Nur erlebt er da nicht die Befriedigung, die ihm im Leben geworden ist durch den Angriff auf den anderen, sondern dafür den Schmerz, der durch ihn diesem anderen zugefügt worden ist.“ .....

(An anderer Stelle erwähnt Rudolf Steiner auch noch, daß das Schmerzbringende dieser Erlebnisse auch besonders darauf beruht, daß der Mensch jetzt keinerlei Einfluß mehr auf sie hat. Sie verlaufen, ganz von ihm losgelöst, nach ihren völlig objektiv gewordenen Gesetzen.)

„..... Nach dem Tode wird diese ganze schädigende Begierdenwelt (die während des Erdenlebens verschleiert war) dem Ich sichtbar. Und zu jedem Wesen und jedem Dinge fühlt sich dann das Ich hingezogen, an dem solch eine Begierde entzündet worden ist, damit sie im ‚verzehrenden Feuer‘ ebenso wieder ausgetilgt werden kann, wie sie entstanden ist. Erst wenn der Mensch bei seiner Rückwärtswanderung in dem Zeitpunkte seiner Geburt angelangt ist, sind alle derartigen Begierden durch das Läuterungsfeuer hindurchgegangen, und nichts hindert ihn von jetzt ab an der vollen Hingabe an die geistige Welt. Er betritt eine neue Daseinsstufe." ..... (Es wird dann von den rein geistigen Erlebnissen des Menschen in der Zeit zwischen Tod und neuer Geburt gesprochen, und davon, wie sich der Mensch, wenn die Zeit seiner nächsten Verkörperung herannaht, wieder der Erde und ihren Aufgaben zuwendet. Es kommen da Ergebnisse und Wirkungen der Läuterungszeit zutage.)

„Man nehme das früher erwähnte Beispiel wieder auf. Der Mensch habe aus einer Zornaufwallung heraus in dem vierzigsten Jahr seines vorigen Lebens jemand Schmerz zugefügt. ..... Wie mit dem Eintritt des Todes eine Art Erinnerungsgemälde vor dem menschlichen Ich gestanden hat, so jetzt ein Vorblick auf das kommende Leben. Wieder sieht der Mensch ein solches Gemälde, das jetzt all die Hindernisse zeigt, welche der Mensch hinwegzuräumen hat, wenn seine Entwicklung weitergehen soll. Und das, was er so sieht, wird der Ausgangspunkt von Kräften, welche der Mensch ins neue Leben mitnehmen muß. Das Bild des Schmerzes, den er dem anderen zugefügt hat, wird zur Kraft, die das Ich, wenn es nun wieder ins Leben eintritt, antreibt, diesen Schmerz wieder gutzumachen. So wirkt also das vorgängige Leben bestimmend auf das neue. Die Taten dieses neuen Lebens sind durch jene des vorigen in einer gewissen Weise verursacht."

Es ist nicht schwer zu sehen, wie hier eben dieselben vier Hauptfaktoren des Erlebens hervortreten, die wir oben im Erlebnis der Strafe, der Schicksalsstrafe während des Erdenlebens herausgearbeitet haben: die bildhafte Anschaulichkeit, die Unabänderlichkeit und Objektivität, das schmerzvolle, tiefe Eingreifen in das Bewußtsein und der Wille zum Ausgleich, zum Wiedergutmachen. Nur treten alle diese Faktoren jetzt mit einer unvergleichlich größeren Kraft und Wucht auf. Auch die „Tiefenwirkung", die Bewußtseins-Erweiterung bis in die Willensentschlüsse hinein ist eine unvergleichlich gewaltigere als sie je im Erdenleben sein konnte. Denn es werden ja hier diejenigen Entschlüsse gefaßt, die der Mensch dann als moralische Willensrichtungen und Willenskräfte ins nächste Erdenleben hineinträgt, und die dann seinen moralischen Charakter darstellen werden.

Jetzt, während der Läuterungszeit, für die auch wohl der im alten Indien übliche Name Kamaloca angewendet wird, steht vor dem Bewußtsein des Menschen in grandioser Unverhülltheit das da, was schon während seines Erdenlebens im Untergrund seiner Seele wirkte und ihn gegebenenfalls ihm zustoßende Ereignisse als verdiente Strafe erleben ließ: das in den geistigen Welten lebendig wirkende Gesetz von der ehernen Notwendigkeit des Ausgleichs aller Taten. Man kann es auch das Gesetz des Schicksals nennen. Weil aber das Wort Schicksal in unserem heutigen Leben einer hinreichend genauen Bestimmtheit entbehrt, hat man oft auch dafür wieder zu dem indischen Wort gegriffen und von „Karma" gesprochen. Dieses Gesetz besagt, daß für jede Schädigung, jeden Schmerz, den ein Mensch einem anderen Menschen und damit der Welt zugefügt hat, von ihm entweder noch in demselben Leben, oder im folgenden Leben, oder in irgend einer späteren Verkörperung, unausweichlich ein Ausgleich geschaffen werden muß.

Während des Erdenlebens kann sich der Mensch in seinem Egoismus gegen dieses Gesetz wehren. Er will nicht einsehen, daß er durch moralisch schlechte Handlungen letzten Endes niemanden so sehr geschädigt hat wie sich selber, daß er also gerade um seines eigenen Fortschreitens willen es nötig hat, diesen Ausgleich zu vollziehen. Weder sieht er es ein, noch will er es. Das gewaltige Mittel, um seinen kurzsichtigen Egoismus zu überwinden, um ihn zu tieferer Einsicht zu führen und von ihr seinen Willen bestimmen zu lassen, ist eben die Reinigungszeit nach dem Tode, das Kamaloca. Alles, was während des Erdenlebens als Schicksalsstrafe erlebt werden kann, ist doch nichts als ein schwacher Anfang und Anklang an diese nachtodlichen Seelenvorgänge. Und was als irdisches moralisches Gesetz erlebt wird, was gleichzeitig das Urprinzip aller strafenden Gerechtigkeit ist, der alte Rechtssatz „Auge um Auge, Zahn um Zahn“ ist nur das schwache irdische Abbild des geistigen Gesetzes vom karmischen Ausgleich durch die Folge der Erdenverkörperungen hin.

Selbsterkenntnis und Rückschau

Dadurch, daß von Rudolf Steiner der europäischen Kultur wieder die Tatsachen der Reinkarnation und des Karma-Gesetzes zugänglich gemacht worden sind, beginnen sich ganz neue und überaus weittragende Möglichkeiten zu eröffnen, sowohl für die Erkenntnis des Moralischen im Allgemeinen wie für die Lenkung des eigenen moralischen Handelns in jedem einzelnen Falle.

Denn es besteht ein bemerkenswerter Zusammenhang zwischen der Erkenntnis des überall wirkenden Schicksalsgesetzes und den Ereignissen des ganz persönlichen, eigenen Karma. Die allgemeine Karma-Erkenntnis muß ja notwendigerweise auch aufhellende Erkenntnis über die eigenen Schicksalszusammenhänge mit sich bringen. So oft aber dieses eigene Karma vom Bewußtsein erfaßt wird, wird ihm jedesmal ein Faktor neu eingefügt, der bisher noch nicht darin wirksam war. Der Mensch beginnt, aktiv an seinem Schicksal mitzuarbeiten. Es ist ja keineswegs so, daß das Karma etwas von Einsicht und Willen des Menschen Unabhängiges sei. Karma ist nicht gleich Fatum zu setzen, ist nicht ein blindes, unabänderliches Geschick. Sondern so gewiß es ist, daß jede Schuld einmal ihren Ausgleich finden muß, so gewiß ist es auch, daß der Mensch in jedem Augenblick beginnen kann, an diesem Ausgleich von sich aus mitzuarbeiten. Und je größer, tiefer und umfassender seine Einsicht ist, desto stärker vermag er einzugreifen.

Dazu wird es aber nötig sein, daß er heute und hier noch während dieses seines Erdenlebens beginnt, auch von sich aus Erkenntnisse anzustreben, die von der Art sind, wie sie dem Menschen sonst erst nach dem Tode, in der Läuterungszeit, zuteil werden. Er muß eine Erkenntnis suchen, die wirklich den ganzen Menschen umfaßt, nicht nur seinen leiblichen und seelischen, sondern auch seinen geistigen Teil. Und eben das ist es, was von der Anthroposophie angestrebt wird. „Anthroposophie ist ein Erkenntnisweg, der das Geistige im Menschen zum Geistigen im Weltall führen möchte", so hat es Rudolf Steiner in prägnantester Kürze ausgesprochen.

Dieser Erkenntnisweg unterscheidet sich von den meisten heute versuchten Erkenntnisbemühungen dadurch, daß er zwar auch vom exakten, klaren, vollbewußten Denken ausgeht (also nicht von irgendwelchen „mystischen" Gefühlserregungen), daß er aber dieses im Denken zu erringende Bewußtsein über den gewöhnlichen Grad hinaus zu steigern und zu erweitern sucht. Es wird eine Kräftigung, Aktivierung und Belebung des Denkens erstrebt. Das aber kann nie erreicht werden durch bloßes, intellektuelles Aufnehmen von Begriffen, sondern nur durch immer und immer wiederholte übende Bemühungen. Hier geht das denkende Erkennen in seelische Schulung über.

Dadurch verändert sich gegenüber dem gewöhnlichen gedanklichen Arbeiten ein Zweifaches. Einmal ist eine größere Willensanstrengung erforderlich. Der aktive, der Willensfaktor im Denken muß verstärkt werden. Und das hat dann wiederum zur Folge, daß dadurch jetzt Gedanken entstehen, die in weit höherem Grade auch ihrerseits wieder in den Willen hinunterzuwirken vermögen.

Es ist leicht ersichtlich, daß man es hier mit Lebens- und Seelenvorgängen zu tun hat, wie sie in früheren Abschnitten dieser Schrift als Bewußtseinserweiterung beschrieben sind. Ob und wie weit es möglich ist, das durch solche Schulung, wie sie in den anthroposophischen Schriften angegeben wird, wirklich zu erreichen, läßt sich theoretisch ebensowenig beweisen, wie sich die Unmöglichkeit beweisen läßt.* Das läßt sich nur vom einzelnen Menschen praktisch ausführen und dadurch erproben. Es ist also alles ganz in die Freiheit des einzelnen Menschen gestellt, sowohl die Schulung als Ganzes (d. h. also, es kann immer nur der freie Entschluß jedes Menschen sein, ob er sich auf einen solchen Schulungsweg einlassen will) als auch jeder einzelne Schritt. Denn der ganze Übungsweg ist so eingerichtet, daß jeder Schritt im hellen, klaren Bewußtseins-Lichte vor sich geht. Alles Autoritative, alles Suggestive ist grundsätzlich ausgeschaltet. Der Übende kann und soll sich auf jeder Stufe Rechenschaft geben über das, was er tut. Die Aufgabe Rudolf Steiners konnte dabei keine andere sein als die, daß er aus seiner Erkenntnis und Erfah-

* Siehe: R. Steiner. Wege der Übung. Themen aus dem Gesamtwerk. Bd. 1. Herausgegeben von Stefan Leber. Stuttgart 1980. Darin auch weitere Hinweise auf Literatur.

rung heraus diesen Schulungsweg aufzeigte und ihn in seiner Eigenart, seinem Gang und Aufbau verständlich machte. Alles Weitere mußte dem freien Entschluß überlassen bleiben.

Es ist nicht die Aufgabe, hier diesen Schulungsweg in irgendwelcher Vollständigkeit darzustellen. Das ist von Rudolf Steiner in vielen seiner Schriften getan worden. Es können hier nur einige Hinweise darüber gegeben werden, wie diese Übungen sich mit unserem Thema der Strafe, der Bewußtseinserweiterung und -vertiefung berühren. Und das ist im Wesentlichen diejenige Seite der Schulung, die mit der Bemühung um Selbsterkenntnis vor allem auf dem moralischen und Willensgebiete zusammenhängt.

Solche Bemühungen hat es selbstverständlich von jeher gegeben. Aus dem religiösen Leben gehört in erster Linie alles das dazu, was man im weitesten Sinne als Konfession oder Beichte bezeichnet. Aber von dem, was sich in jahrhundertelanger Erfahrung als Beicht-Praxis der Kirchen herausgebildet hat, unterscheidet sich doch das nicht unbeträchtlich, was von der Anthroposophie aus auf diesem Gebiete als Ratschläge gegeben wird. In der Selbstprüfung für die Beichte ist der Blick auf das gerichtet, was im eigenen Wesen und Handeln als unvollkommen, als böse und sündhaft angesehen werden muß. In dem, was Rudolf Steiner „Rückschau" genannt hat, geht die Bemühung dahin, die eigenen Erlebnisse, sei es des letzten Tages, sei es längerer Zeiträume, in ihrer Totalität anzuschauen, die schönen und erfreulichen ebenso wie die unschönen und schmerzlichen, die guten und liebevollen Taten ebenso wie die schlechten und lieblosen. Es handelt sich zunächst auch nicht darum, daß bestimmte Gefühlserlebnisse hervorgerufen werden, etwa der Sündhaftigkeit, der Zerknirschung und Reue, sondern das Ziel ist viel mehr eine wirkliche und umfassende Selbsterkenntnis. Weil sich aber Bemühungen um Selbsterkenntnis leicht in der Gefühlssphäre festrennen, wo sie in Selbstliebe oder Selbsthaß, in Selbstbespiegelung oder Selbstvernichtung steckenbleiben, so wird geraten, das eigene Wesen da zu betrachten, wo es sich dem Blicke objektiv darbietet, in dem was wirklich getan und geschehen ist; also das eigene *Wesen* in derjenigen Gestalt anzuschauen, wie es sich im eigenen Schicksal offenbart.

Dazu ist es nötig, zunächst sogar das Gefühlsmäßige dadurch aus der Rückschau möglichst herauszuhalten, daß versucht wird, die eigenen Erlebnisse wie von außen her anzuschauen, als ob man sie gar nicht selbst, sondern als ob sie ein anderer gehabt hätte. Und dazu wiederum erweist es sich als ein wirksames und hilfreiches Mittel, daß alle Ereignisse so bildhaft wie möglich vor den Erinnerungsblick hingestellt werden sollen. Es fällt selbstverständlich schwer, jüngst gehabte Erlebnisse, in denen man noch mit allen Fasern der Empfindung drinnensteht, wie von außen her anzuschauen. Da werden sich die Gefühle immer wieder mit großer Gewalt hereindrängen wollen. Rudolf Steiner sagt darüber im 1. Kapitel seines Buches „Wie erlangt man Erkenntnisse der höheren Welten“: „Mit gegenwärtig erlebten Schicksalsfügungen wird und braucht dies nicht zu gelingen; mit länger vergangenen muß es vom Schüler des Geisteslebens erstrebt werden.“ — Aber auch für das weiter Zurückliegende bleibt es immer eine schwere und ständig übend zu wiederholende Mühe und Anstrengung, so die Betrachtung von der subjektiven Seelenregung loszureißen und auch diese persönlichen Dinge in die Klarheit der objektiven Erkenntnis hinüberzuleiten.

Ein Hilfmittel von großer Bedeutung ist dafür der Rat

Rudolf Steiners, die Erlebnisse in umgekehrter Reihenfolge vorzustellen, also z. B. vom Abend des vergangenen Tages bis zum Morgen zurückzugehen. Das zwingt den die Rückschau Vollziehenden, die Bilder der gehabten Erlebnisse nicht einfach so in der Erinnerung abrollen zu lassen, wie sie seiner Zeit verlaufen sind, sondern sie in jedem einzelnen Moment mit innerer Willenskraft zu ergreifen und gleichsam umzudrehen. Diese dabei anzuwendende und aufzubringende Seelenenergie ist sehr hilfreich bei der Bemühung, objektive und wahre Bilder von sich selbst zu sehen. Es ist aber nicht so, daß das rückwärts Ablaufenlassen der Bilder nun die Hauptaufgabe der Rückschau sei; es ist mehr als ein technisches Hilfsmittel dabei zu betrachten.

Die Hauptaufgabe und das bei weitem Wichtigste ist vielmehr in dem zu sehen, was Rudolf Steiner in demselben 1. Kapitel des oben genannten Buches mit den Worten andeutet: „Schaffe dir Augenblicke innerer Ruhe und lerne in diesen Augenblicken das Wesentliche vom Unwesentlichen unterscheiden." — In diesem Satze ist unendlich viel mehr und Tieferes enthalten, als die Schlichtheit der Worte zunächst zu sagen scheint. Das „Unwesentliche" in den Erlebnissen des Menschen sind ja alle diejenigen Dinge, in denen sich nicht sein eigentlichstes, innerstes Wesen, sein geistiger Wesenskern offenbart, sondern z. B. alles das, was als Instinkte, Leidenschaften und Triebe seiner leiblichen Natur entstammt. Gerade das alles wird aber von der Selbstliebe gierig festgehalten. Deshalb ist es schon erforderlich, daß man sich nicht scheut, seinem „alten Adam" die vielen und starken Schmerzen zuzufügen, die er nun einmal fühlen muß, wenn man mit dem Lichte einer nach Objektivität, nach dem Wesenhaften, dem Geistigen strebenden Erkenntnis in diese wilden, trüben Gebiete der eigenen Seele hineinleuchten will. Es sind dieselben Mächte, von denen auch oben schon die Rede war, die der Selbsterkenntnis im Wege stehen, die die eigenen Schwächen verschleiern, umfärben und umlügen, die aus Schwarz Weiß zu machen wissen. Je mehr sich der Mensch entschließt, die Schmerzen, die ihm der Kampf gegen die verfälschenden Wünsche und Illusionen bereitet, in Tapferkeit auf sich zu nehmen, desto reiner werden nach und nach die Bilder der vergangenen Ereignisse in ihrer objektiven Wahrheit vor ihm stehen, und er wird in dem Wesenhaften, das ihm als sein Schicksal entgegentritt, sein eigenes Wesen in dessen tieferem Kern erkennen lernen.

Daraus aber werden dann Gefühle ganz neuer, stärkster Art in ihm erwachen, die nun immer weniger von egoistischer Subjektivität in sich haben, sondern die durch die mühe- und leidvolle (denn wer sähe sich ohne Scham und Leid an!) Erkenntnisarbeit gereinigt sind: Ergebung in das Schicksal und Dank an die Mächte, die es gnadevoll leiten. Und es werden die starken Willensentschlüsse entzündet, mit aller Kraft, deren man irgend fähig ist, daran mitzuarbeiten, daß die Dunkelheit in dem eigenen Schicksals- und Wesensbilde nach und nach immer mehr aufgehellt und durchlichtet werde, daß das eigene Handeln immer mehr im Dienste der Weltenmächte des Guten wirken möge.

Es wird dem Leser nicht entgangen sein, daß wir jetzt bei der „Rückschau" zum dritten Male auf die vier Grundelemente gestoßen sind, die uns vorher schon bei der Betrachtung der „Schicksalsstrafe" und der „Reinigungszeit" entgegetreten waren: Die Bildhaftigkeit, die Objektivität der Tatsachen, der reinigende Schmerz und der durch ihn veranlaßte Willensentschluß zur Sühne, zum moralischen Ausgleich. Es tritt dadurch die innere

Verwandtschaft zwischen der Strafe und der Rückschau hervor, und sie wird immer deutlicher und tiefer erkennbar, je weiter man in diesen Zusammenhang einzudringen sucht.

Und doch ist ein grundsätzlich Neues dazugekommen. Bisher kam die Vertiefung der Erkenntnis, das stärkere Wachwerden des Bewußtseins und der daraus entspringende Willensentschluß jeweils erst hinterher zustande, erst nachdem auf eine Tat als ihre notwendige Folge der strafende Rückschlag eingetreten war. Jetzt beginnt der Erkenntnis suchende moralische Wille, der in den Rückschaubemühungen tätig wird, schon früher einzugreifen. Er sucht nicht nur die geschehenen Taten anschauend zu erkennen, — das tut er gewiß auch, — sondern er sucht die im Schicksal durch die geschehenen Taten sich offenbarende eigene Wesenheit. Er sucht die den Taten zugrundeliegenden Eigenschaften und Veranlagungen wahrzunehmen, um dann an ihnen eine Arbeit der Selbsterziehung zu beginnen. Das aber bedeutet den Anfang der Bemühung, das, was sonst, selbst noch während der Reinigungszeit, von außen kommen muß, was von anderen, höheren Mächten herbeigeführt wird, nun bis zu einem gewissen Grade selbst zu tun. Es beginnt eine Wendung einzutreten von einer passiv zu einer aktiv erlebten Strafe.

Dem Gesetz von der ehernen Notwendigkeit des karmischen Ausgleichs wird dadurch nichts, gar nichts fortgenommen. Das Neue ist nur dies, daß jetzt der Mensch durch seine Erkenntnisbemühungen, die in der Rückschau tätig werden, versucht und beginnt, an der Herbeiführung des Ausgleichs mittätig zu werden. Er versucht, sein Bewußtsein aktiv zu erweitern über solche Seiten und Tiefen seines Wesens, die bisher im Schatten des Unterbewußtseins lagen, und er versucht, sein Bewußtsein zu vertiefen und zu verstärken in bezug auf die moralische Entschlußfähigkeit und Willenskraft.

Es werden Schritte getan, gewiß nur erste, schwache Schritte, aber sie werden getan in der Hoffnung, daß es nach und nach immer besser gelingen kann, die Buße, die „Wandlung", die Metanoia, aus den innersten Wesens- und Herzenskräften heraus selbst mit herbeizuführen und an ihr aktiv mitzuarbeiten.

Wiederverkörperung

Eine solche Tatsache wie die zuletzt beschriebene, daß der Mensch sich gewürdigt findet, aus eigener Tätigkeit mitzuarbeiten an der Erweckung und Vertiefung seines Bewußtseins, also an dem, was sonst die vom Schicksal gelenkte Strafe an ihm vollziehen sollte, — eine solche Tatsache kann nie anders als mit der denkbar größten Bescheidenheit und Demut angeschaut werden. Denn was ist es schließlich anderes als Gnade göttlicher Führung, wenn im Menschen solche Kräfte erweckt werden! Und weiter: wie wenig, wie blutwenig kann doch jetzt schon aus den eigenen menschlichen Erkenntnis-, Gefühls- und Willenskräften heraus getan und gelernt werden. Der unendlich viel größere Teil wird nach wie vor allein durch das gelernt, was dem Menschen von außen her als wekkende und strafende Schicksalsfügung zustößt.

Auf der anderen Seite ist es freilich auch wieder so, daß schon durch die geringste eigene Mittätigkeit auf diesem Gebiet das Verständnis des Menschen für das, was da an ihm gearbeitet wird, und sein Vertrauen und seine Ergebung in das Walten des Schicksals eine gewaltige Vertiefung erfahren können.

Eine nicht hoch genug zu schätzende Hilfe, um so die Bedeutung und die Wirkungsweise der Strafe in der menschlichen moralischen Entwicklung immer besser zu verstehen, ist die Idee der Wiederverkörperung, der wiederholten Erdenleben. Sehr vieles, was bei der Betrachtung nur eines einzelnen Erdenlebens unverständlich, ja widerspruchsvoll bleiben muß, weil ja nur die nach vorne oder hinten abgerissenen Fragmente der Entwicklung zu sehen sind, das wird klar und durchschaubar im Lichte des Gedankens der Wiederverkörperung. Das langsame, stufenweise Wachsen des Bewußtseins, das Sich-Durcharbeiten des Ich-Wesens durch die Schleier und Fesseln, in die es verstrickt ist, das wird als immer wiederholtes Grundmotiv sichtbar in der tausendfachen Verwirrung von Irrtum und Schuld, in der der Mensch sich findet. Und wenn er auch zunächst erschrecken mag bei dem Gedanken, daß er diesen Weg durch Irrtum, Schuld und Strafe wieder und wieder gehen muß, so vermag er doch auch, zuerst mit dem Ahnungsvermögen, dann in immer deutlicheren und klareren Gedanken, die andere Tatsache zu erfassen, daß auch die Kräfte des Guten in ihm wirken, daß auch seine Erkenntnis- und Sühnekräfte in ihm wachsen und ihn, trotz aller Rückfälle und Stürze, von Stufe zu Stufe aufwärts führen können.

Es kann aber auch gesehen und eingesehen werden, wie nötig und unentbehrlich solch immer wiederholter Gang von Schuld, Strafe und Sühne ist. Das Wichtigste lernt der nicht, der es bloß von außen anschaut, sondern nur der, der es selber mit seiner ganzen Wesenheit durchlebt, der ganz hinein untertaucht, der wirklich hindurchgeht durch all die schwere Gefährdung, die immer wieder mit diesem Gang verbunden ist. Der verlorene Sohn im

Evangelium ist durch bloße Ermahnungen und Belehrungen nicht zu bessern. Als er aber all den Jammer, alle Verlassenheit, alle Verkommenheit und Not am eigenen Leibe durchgemacht hat und durch sie zu seinem Vater zurückgeführt worden ist, da ist er größer geworden als sein untadelig daheim gebliebener Bruder.

Was sind schließlich menschliche Fehler und Schwächen anderes als Eigenschaften und Fähigkeiten, die nur nicht am richtigen Ort und in der richtigen Weise angewendet werden können? Häufig genug stecken in ihnen die brauchbarsten, eigenartigsten Kräfte, die nur erst gereinigt, durchhellt und an die rechte Stelle gerückt werden müssen. Niemals ist das so überwältigend eindringlich ausgesprochen worden wie im Evangelium in der Erzählung von der „großen Sünderin". Christus sieht genau so gut wie irgend jemand, in welcher Unreinheit sie gelebt hat, und doch verwirft er sie nicht, „denn sie hat viel geliebt." Selbst diese durch die Verderbtheit so völlig überdeckten und abstoßend beschmutzten Liebeskräfte können noch gereinigt werden, und dann werden sie heller leuchten als die kalte Gerechtigkeit der Pharisäer.

Durch den Gedanken der Wiederverkörperung kommt etwas wie eine unendlich weite Spannung, wie ein lang ausholender Atem in die moralische Entwicklung jedes einzelnen Menschen hinein. Es ist nicht mehr nötig, ihn „schnell" zu bekehren, weil mit dem Tode die Zeit dazu verpaßt wäre. Es gilt auch hier, was Lessing sagt: „Ist nicht die ganze Ewigkeit mein?" — Gerade weil bei den größten, stärksten Charakteren die Möglichkeit der Irrung am größten ist, weil der härteste, festeste Stoff am längsten braucht, bis er von Schlacken gereinigt und durchhellt ist, deshalb läßt sich das Schicksal oft so lange Zeit.

Und weiter: ist es nicht zunächst oft noch ganz unmöglich, zwischen schlechten und guten Eigenschaften richtig zu unterscheiden, d. h. zwischen solchen, die durch die Prüfungen des Schicksals hindurch in gute umgewandelt werden können und solchen, bei denen das nicht möglich ist? Wieder kann da auf die Evangelien hingewiesen werden, die das in großer Deutlichkeit aussprechen. Es ist jenes Gleichnis gemeint, in dem die Knechte bemerken, daß auf dem neu angesäten Acker, obgleich ganz reiner Same verwendet wurde, doch Unkraut mit aufgeht. Sie wollen in ihrem Eifer das Unkraut ausreißen, aber ihr Herr ordnet weisheitsvoll an, sie sollen es ruhig mit wachsen lassen, sie würden sonst das sprossende Korn mit ausreißen. Erst bei der Ernte werde dann die sichere Scheidung geschehen.

Es liegt für den, der in allen quälenden Schwierigkeiten seiner eigenen Erziehung und in den beschämend niederdrückenden Erfahrungen der Selbsterkenntnis darin steckt, etwas unendlich Beruhigendes und Tröstliches in dieser Erzählung. Es verschwindet die Aufgabe, seine Fehler jetzt und sofort mit Feuer und Schwert auszurotten und sich für verworfen und unwert zu halten, wo das nicht möglich ist. Dafür entsteht die andere: an dem zu arbeiten, was geleistet werden k a n n , und Vertrauen zu haben zur göttlichen Führermacht, die überschaut, wo und wann im Gange der Verkörperungen die strafenden, klärenden, weckenden, helfenden Eingriffe zu erfolgen haben.

Noch ein weiterer Gedanke und Ausblick darf hier angeführt werden, weil auch er in besonderem Maße geeignet ist, Trost und Stärke zu spenden. Das ist der Hinweis darauf, welche starken Kräfte da entstehen, wo schlimme Eigenschaften und Fehler, wo irgend ein Böses überwunden ist.

Aus dem Altertum ist die Erzählung überliefert, wie die Schüler des Sokrates einen der Physiognomik kundigen Klein-Asiaten zu ihm brachten. Als er ihren Lehrer genau angeschaut hatte, nahm er einige bei Seite und sagte: „Wie könnt Ihr mit diesem Menschen umgehen; auf seinem Gesichte stehen ja alle Laster eingezeichnet, deren ein Mensch überhaupt fähig ist." — In ihrem Entsetzen gingen sie zu ihrem Meister und hinterbrachten ihm diesen Ausspruch, voller Empörung. Sokrates allein blieb ruhig. „Was wollt Ihr? Dieser Mann hat ja recht! Aber ich habe sie alle überwunden und deshalb kann ich Euch lehren."

Schon im ganz praktischen Leben gilt die Erfahrung, daß nicht der der beste Lehrer, sagen wir im Geigenspielen ist, der es am leichtesten lernte und es nun am besten kann, sondern der, der die Schwierigkeiten des Lernens aus eigener Erfahrung kennt, weil er sie selbst zu überwinden hatte. So ist auch der, der die Not der Schuld in aller Tiefe kennt, der beste Helfer. Die mittelalterlichen Heiligenleben kennen diese Tatsache von Grund auf. Die stärkste helfende Kraft geht gerade von denen aus, die selbst durch alle Tiefen des Bösen haben hindurchgehen müssen.

Überwundene Schuld hat Trage- und Helferkraft. Das gehörte auch zu Goethes letzten Lebensergebnissen. Faust ist in die Erdenschuld verstrickt worden, wie nur ein Mensch es sein kann. Aber gerade dadurch ist in ihm etwas erwachsen, was es vorher so noch nicht gab; neue, starke Kräfte sind entstanden, die auch in der jenseitigen geistigen Welt zu wirken vermögen. In der letzten Szene des II. Teils begegnet er den seligen Knaben, die von aller Erdenschuld rein und unberührt geblieben sind. Sie erkennen und sprechen es aus:

„Wir wurden früh entfernt von Lebechören,
Doch dieser hat gelernt, e r w i r d u n s l e h r e n."

Gewiß, es ist nicht Faustens Verdienst allein. Die Liebe von oben hat teilgenommen. Aber was da geworden ist, konnte auch nicht ohne ihn geschehen. Er mußte mitwirken, mitarbeiten.

„Wer immer strebend sich bemüht,
Den können wir erlösen."

Die Strafe
in der Erziehung des Kindes

Das Kind macht Erfahrungen

Um zu verstehen, was für eine Bedeutung und Wirkung die Strafe in der Erziehung des Kindes hat, ist es auch hier recht nützlich, von Erlebnissen des Kindes auszugehen, die weder mit Erziehung überhaupt noch auch mit moralischer Erziehung im besonderen irgend etwas zu tun haben.

Man kann ausgehen von den Erfahrungen, den ersten Lebenserfahrungen, die das Kind macht. Das Kind steht ja genau so wie der Erwachsene unter dem ganz allgemeinen Gesetz, daß es die Folgen seiner Handlungen als Rückwirkungen erlebt. Und diese Rückwirkungen sind ihm zuerst ebenso neu wie unerwartet. Sie sind oft genug verblüffend und unangenehm. Daß der Ofen brennen kann, wenn man ihn anrührt, ohne daß ihm vorher etwas Böses anzusehen war, daß Messer schneiden, Türen die Finger klemmen, all das sind Erfahrungen, die unter Kummer und Tränen gemacht werden und deren Erkenntnisse dann langsam in die handelnden Hände hinunterwirken müssen.

Ein Zwei- bis Dreijähriger, der den Pelzmuff seiner Mutter über alles gern streichelte, pflegte mit den Fingern nach den Fliegen an der Fensterscheibe zu tappen. Eines Tages hatte sich eine Biene an diese Fensterscheibe verirrt und stach ihn in die Hand, die nach ihr griff. Als sich das mörderische Geschrei beruhigt hatte, wurde nach längerem Nachdenken die neue Erkenntnis in die Worte zusammengefaßt: „Fliege mit Muff beißt!" Ein Vorgang der Bewußtseinsaufhellung und Erfahrungserweiterung war offensichtlich zu einem klaren Abschluß gekommen.

Sicherlich wird nun der Erwachsene alles tun, was in seinen Kräften steht, um den Kindern die Schmerzen solcher Erfahrungen nach Möglichkeit zu ersparen. Davon wird weiter unten noch die Rede sein. Aber er kann und darf ihnen ja nicht schlechthin alle Möglichkeiten wegnehmen, überhaupt Erfahrungen zu sammeln. Mütter werden meist mehr geneigt sein, dem Kinde den Hammer, mit dem es spielt, schnell aus der Hand zu nehmen, damit es sich ja nicht auf die Finger schlägt. Väter sind oft herzloser und finden, blaue Flecken auf den Nägeln seien doch ein gutes Mittel, um mit dem Hammer richtig umgehen zu lernen. Beides wird miteinander ausgeglichen werden müssen. Das Schützende, Umhüllende ist nötig. Aber es ist auch gut, zuweilen ruhig und sachlich, und ohne einzugreifen zuzusehen, wie schmerzhafte, aber belehrende Rückschläge eintreten. Bei einem aggressiven, kraftvollen kleinen Kerl wird es nicht schaden, wenn man ihn auf der Straße mit Größeren und Stärkeren anbinden läßt. Wenn er dabei eine derbe Antwort bekommt, wird er am schnellsten lernen, seine Unbesonnenheit zu zügeln. Selbstverständlich muß das überwacht werden, damit es nicht zu schlimm wird. Und es muß auch darauf gesehen werden, daß solche Erfahrungen nicht zu früh eintreten, sondern erst dann, wenn sie richtig verarbeitet werden können.

Denn auf das richtige Verarbeiten kommt ja alles an. Die Zusammenstöße mit der äußeren Welt, mit Scheren, Brennesseln, Hunden, mit anderen Kindern, mit unfreundlichen Erwachsenen dürfen weder zu Wehleidigkeit und Furchtsamkeit, noch zu Zorn, Rachsucht und Roheit führen. Sie dürfen nicht in seelischen Reaktionen stecken bleiben, sondern sie müssen innerlich ergriffen und bis zur Erkenntnis verarbeitet werden, die selbstverständlich je nach der Altersstufe des Kindes sehr verschieden sein wird.

Dabei ergeben sich nun für den Erwachsenen mannigfaltige und wichtige Aufgaben. Es tritt etwa das folgende ein: Das Kind kommt unter Tränen gelaufen und klagt: „Der (oder die) hat mich geschlagen!" Der unbedachte Erwachsene wird aufgeregt werden, wird eingreifen und zanken. Es bewährt sich aber fast immer, zunächst einmal ruhig die Frage zu stellen: „Und was hast Du vorher getan?" — Oft genug wird das Kind nachdenklich werden und wird, vielleicht erst nach einiger Zeit und mit einiger Nachhilfe, damit herausrücken, daß es seinerseits auch geschlagen oder etwas Ähnliches getan hat. In diesem Augenblick ist dann oft eine überraschend große Empfänglichkeit da, um einzusehen, daß eben der Schmerz aus nichts anderem als aus den zurückschlagenden Folgen des eigenen Verhaltens stammt. Das ist dann zugleich die beste Grundlage für die herbeizuführende Versöhnung.

Änliches kommt in unendlichen Abwandlungen immer und immer wieder vor. Gewiß kommen die Erkenntnisse nach und nach auch ohne die Mitwirkung des Erwachsenen zustande, aber er kann in dieser Richtung doch eine ungemein wertvolle und segensreiche Hilfe dafür leisten, daß sie schneller und klarer erfaßt werden, und auch dafür, daß sie zu einem harmonischeren Sich-Eingliedern in die Umgebung führen. Er kann dazu helfen, daß die schmerzhaften Erlebnisse das Kind nicht verschüchtern, verbittern oder verhärten, sondern daß sie ihm nützlich und förderlich werden, daß sie weiterführen zu jener Bewußtseinsentwicklung, von der bei der Selbsterziehung so oft die Rede war.

Strafen, wie sie nicht sein sollten

Weit schwieriger wird die Aufgabe des erziehenden Erwachsenen, wenn die Folgen der Taten nun nicht an das Kind ohne sein Zutun von außen herantreten, sondern wenn er sie selbst herbeiführen, wenn er gleichsam selbst zurückwirkende Umwelt sein muß. Das ist ja erst das, was man, wenn es sich um ungute Taten des Kindes handelt, im eigentlichen Sinne Strafe nennen kann.

Beim brennenden Ofen oder der stechenden Biene treten die Folgen so ein, daß an ihrer naturgesetzlichen Notwendigkeit, an ihrer Sachlichkeit, Richtigkeit, an ihrer, wenn das Wort erlaubt wird, „Gerechtigkeit" gar kein Zweifel möglich ist. Die Biene reagiert richtig, wenn sie sticht. Jedes Kind sieht das ein.

Wenn der Mensch reagieren, wenn er „strafen" soll, liegen die Dinge viel weniger einfach und klar. Die zurückwirkende Natur, Ofen oder Biene, ist innerlich unbeteiligt, ohne seelischen Zusammenhang mit dem, den die Auswirkung trifft. Der Erzieher dagegen kann nichts tun ohne enge seelische Gebundenheit an das Kind. Nun soll er aber sachlich, richtig, „gerecht" handeln, und so findet er sich in einem schwer zu lösenden Widerspruch. Wer sich umschaut, was bei der Bestrafung der Kinder für Fehler gemacht werden, vor allem aber jeder, der sich selber anschaut, was er bei der Bestrafung von Kindern für Fehler machte und macht, dem werden zuallererst die entgegentreten, die in diesem Widerspruch begründet sind. Er wird sich gestehen müssen, daß er immer wieder noch viel zu sehr in seinen seelischen Erregungen verfangen geblieben ist.

Angenommen, ein Kind hat eine den Eltern sehr liebe, auch wertvolle Porzellanvase, nicht ohne Mutwillen, zerbrochen. Die Eltern sind darüber sehr ärgerlich, ja zornig, und der Zorn kommt in den Worten zum Ausdruck, die das Kind jetzt anhören muß. Hier stehen nun recht oft die Dinge auf des Messers Schneide. Ein kräftiges, zorniges Wort k a n n durchaus die rechte, die entsprechende Antwort auf das sein, was das Kind getan hat. Wenn es aber nur ein gleichsam automatisches Reagieren ist, so wie auch ein Kind, das von einem andern geschlagen wird, automatisch zurückschlägt, dann hat das selbstverständlich mit einer erziehend-strafenden Tätigkeit des Erwachsenen noch nichts zu tun. Kinder pflegen mit einer sehr bezeichnenden Unterscheidung von dem, der so reagiert, auch nicht zu sagen, „er wurde zornig", sondern „er wurde wütend". Der Strafende darf aber nie in seinem Zorn, in der Wut, untergehen; er muß in seinem Bewußtsein immer noch darüber stehen. Er muß noch wissen, ob es in diesem Falle, bei diesem Kinde, gut ist, dem Zorn freien Lauf zu lassen oder nicht. Verschlafenen oder verspielten Kindern gegenüber ist das zuweilen genau das Richtige; damit sie merken, daß es jetzt Ernst wird. In anderen Fällen wird alles davon abhängen, jeglichen Zorn, so berechtigt er sein mag, erst ganz und gar verrauchen zu lassen, ehe man irgend eine strafende Reaktion eintreten läßt. Besonders bei jähzornigen Kindern ist es wichtig, daß man ihnen nicht mit Zorn und im Zorn antwortet, sonst tritt bekanntlich meist eine Steigerung des Jähzorns oder eine Verstocktheit ein, aber keine wirkliche Einsicht. Dazu bedarf es bei diesen Kindern gerade der völligen Ruhe und Beherrschtheit des Erwachsenen.

Aber selbst in dem Falle, wo es richtig ist, den Zorn sehen und wirken zu lassen, gleichsam einmal den Hund von der Leine zu lassen, hängt alles davon ab, ob dies wirklich aus einer überlegenden Erkenntnis oder, wenn der Ausdruck erlaubt ist, aus einer überlegenden Empfindung heraus geschieht. Ob hinter dem Zorn noch etwas Höheres spürbar wird, nämlich ein Anschauen und Beurteilen der Tat ganz an sich selbst. Wenn das Kind fühlt, — und es unterscheidet da mit größter Sicherheit, — er wird zornig, weil es gerade ihn getroffen hat, dann ist es gefehlt. Wenn es fühlt, er wird zornig, weil das, was ich getan habe, wen es auch träfe, so ist, daß es überall Zorn, „gerechten" Zorn hervorrufen muß, dann wird es diesen Zorn hinnehmen, wenn auch vielleicht erst nach einer gewissen Zeit, und wird daran lernen.

Im anderen Fall macht es den Kindern bekanntermaßen ein Hauptvergnügen, solche ganz persönliche Verärgerung und Zornmütigkeit immer wieder hervorzurufen, den Erwachsenen „hochgehen" zu lassen. Sie stellen ihn immer wieder auf die Probe, denn sie haben das Bedürfnis und den Wunsch, die objektive, richtige, gerechte Antwort zu bekommen. Wenn die eintritt, sind sie befriedigt. Sie fühlen, daß sie wohltut, auch wenn sie nicht angenehm ist.

Das allzu Persönliche, rein subjektive Seelische kann in tausend und abertausend Formen auftreten. Es kann sich auch in der raffiniertesten Weise verhüllen und maskieren. Vor dem eigenen Bewußtsein des Erwachsenen mögen diese Maskierungen noch so wirksam sein, das Kind läßt sich auf die Dauer dadurch nicht täuschen.

Es läßt sich der Fall denken, daß ein Kind gebeten hat, am Nachmittag zu einer Geburtstagsfeier gehen zu dürfen. Wenn auch die Mutter viel Arbeit hat und das Kind zur Hilfe sehr gut dabei gebrauchen könnte, so mag sie doch deshalb allein die Bitte nicht abschlagen. Sie findet sich in einer Zwiespältigkeit. Da geschieht es, daß das Kind etwas Ungeschicktes, etwas Unrechtes tut. Und in dem Augenblick fährt es der Mutter heraus: „Jetzt, nachdem du d a s getan hast, darfst du heute Nachmittag nicht fortgehen!" — Weil sie vor Arbeit nicht weiß, wo ihr der Kopf steht, kommt ihr die Ungehörigkeit des Kindes gerade recht, um sich dessen Hilfe zu sichern. Sie ist dabei des festen Glaubens, daß sie nur die gerechte Strafe ausgesprochen habe. Das Kind aber empfindet das Unberechtigte, das sich eingemischt hat. Es empfindet Verbitterung und Trotz, besonders wenn der Erwachsene noch in Selbstgerechtigkeit sein „Strafe muß sein" hinzufügt.

Daß diese Art Vorkommnisse nicht konstruiert, sondern Wirklichkeit sind, und gar nicht einmal so seltene, erkennt man an einer sprichwörtlich-volkstümlichen Redensart, die man in Norddeutschland hören kann: „Strafe möt sin, säd de Schaulmeister, dunn frät (fraß) hei de Jungs dat Botterbrod up."

Besonders arg werden die Verhüllungen und Maskierungen, wenn sich das Gefühlvolle, das Sentimentale in die Strafe hineinmischt. Wenn etwa dem Kinde, das Schläge bekommt, oder dem ein ersehntes Vergnügen entzogen wird, noch obenhinein gesagt wird: „Es tut mir ja viel weher als dir, aber ..." — Das mag sogar wahr sein, ja es ist eigentlich eine Selbstverständlichkeit, daß es wahr ist, aber es darf nun und nimmer ausgesprochen werden. Kinder sind, solange sie nicht durch Erwachsene verdorben werden, nicht sentimental. Sie merken in einem solchen Falle genau, daß hier etwas nicht stimmt, können sich aber nicht dagegen wehren und fühlen sich doppelt ins Unrecht gesetzt. Auf eine harte, aber exakt und sachgemäß verhängte Strafe erfolgt vielleicht zuerst ein innerer oder äußerer Wutausbruch, aber später wird sie doch als richtig anerkannt.

Denn Kinder wissen im Grunde genommen zwei Dinge ganz genau: daß sie zum inneren Weiterkommen die Korrektur durch die Strafe notwendig brauchen, und dann, daß die Strafe nichts mit der Willkür der Erwachsenen zu tun hat, sondern einzig und allein aus der von allen persönlichen Seelenregungen unabhängigen Gerechtigkeit entspringen muß.

Eine Strafe kann ja nach zwei Seiten von der Gerechtigkeit abirren. Sie darf selbstverständlich nie irgend etwas von Rachsucht oder dergleichen in sich haben, so häufig das in Wirklichkeit auch der Fall sein mag. Man hört wohl sagen: „Uns hat man es so und so gemacht! Warum sollen es heute die Kinder besser haben!“ — Daraus kann aber nie etwas Gutes kommen, denn das Gerechtigkeitsgefühl der Kinder muß sich empören, ihr Vertrauen in die Gerechtigkeit der Erwachsenen und der Welt wird zerstört oder doch geschädigt, und ganz folgerichtig wird der Versuch gemacht, sich mit allen Mitteln solcher Bestrafung zu entziehen. Da entstehen moralische Schädigungen der allerbösesten Art. Alle geheimen Veranlangungen zu Grausamkeit, Roheit, Verschlagenheit werden dadurch herausgelockt und gesteigert.

Auf der anderen Seite werden die Kinder dadurch, daß ihnen ständig die härtesten Strafen angedroht werden, in ewiger Furcht und seelischem Druck gehalten. Sie sollen aus der Angst heraus brav sein. In gewisser Weise tut das gewiß seine Wirkung, wenigstens insofern, als die Kinder sich die erdenklichste Mühe geben, „daß nur ja nichts gemerkt wird!“ — In Wahrheit wird aber gar nichts gebessert. Es wird eine Atmosphäre von Unehrlichkeit und Unwahrheit verbreitet. Die Kinder werden, wie sie nur irgend können, versuchen, den Drohenden zu täuschen, und sie werden das als ihr gutes Recht ansehen. Es wird ein Boden geschaffen, auf dem die Lügen ausgezeichnet gedeihen können. Manchem Leser werden hier Erinnerungen aus seiner Schulzeit aufsteigen.

Die Schäden sind aber kaum geringer, wenn nun das Gegenteil eintritt, wenn aus Bequemlichkeit, Inkonsequenz, Weichlichkeit und Schwäche gar keine oder eine lässige, unrichtige Strafe erfolgt. Es sagt sich ja so leicht: „Warte nur, wenn wir nachhause kommen, dann ..." oder: „Wenn du das jetzt noch ein einziges Mal tust, dann werde ich aber wirklich ...". — Nur wissen die Kinder, das wurde schon oft gesagt, und es geschah nachher nichts, es wird auch heute nichts geschehen! — Sie nehmen das Wort des Erwachsenen nicht mehr ernst und ihn selbst auch nicht. Man tut, was man will, drückt sich um alle Pflichten herum und läßt den Erwachsenen nach seiner Pfeife tanzen. Er wird eine lächerliche Figur, und in den Spott der Kinder mischt sich der unbewußte Ingrimm darüber, daß er ihnen die ihnen so nötige Korrektur und Führung vorenthält.

Im Grunde ihrer Seele fühlen die Kinder sehr wohl, daß sie etwas wie ein Recht auf Strafe haben.

Die vier Grundelemente der gerechten Strafe

Wie soll denn aber nun gestraft werden?

Um sich darüber klar zu werden, können solche Überlegungen nützlich werden, wie sie im ersten Teil dieser

Schrift angestellt wurden. Dort wurden Ereignisse betrachtet, die den Menschen treffen, und die er verstehen und auf sich nehmen kann als durch die Lenkung der Menschenschicksale ihm zugeteilte Antworten auf seine Taten, als die sinngemäß entsprechenden, gerechten Strafen für seine Verfehlungen. Denn bei der Bestrafung der Kinder ist dem erwachsenen Menschen die schwere Verpflichtung auferlegt, dem Kinde gegenüber, wenn auch in noch so bescheidenem Maße, dasselbe zu tun, was die Schicksalslenkung ihm gegenüber tut. Er muß die gerechte Strafe für sie von sich aus finden.

Das ist nun zwar eine Aufgabe der allerhöchsten und allerschwersten Art, aber es ist auch eine höchste und strengste Pflicht. Denn wenn die moralische Entwicklung des Erwachsenen auf diesen gnadevoll strafenden Erlebnissen beruht, so ist das beim Kinde ja nicht anders. Und kein Erzieher darf sich dieser Aufgabe entziehen, nur weil sie oft bis zum Verzweifeln schwer ist.

Auf der anderen Seite genügt es aber nicht, sich in der strafenden Tätigkeit einfach seinem moralischen Empfinden, seinem Gerechtigkeitsgefühl zu überlassen. Solche bloß seelischen Grundlagen waren vielleicht in früheren Zeitaltern ausreichend, heute sind sie es nicht mehr. Gewiß behält für das Erlebnis der Gerechtigkeit allezeit das Gerechtigkeits*gefühl*, das seit Alters durch die Waage bezeichnet wird, die allergrößte Bedeutung. Aber dies Gefühl ist heute im Begriffe, unsicher und schwach zu werden. Wer sich nach alter Art ausschließlich darauf stützen will, gerät ins Unsichere, verfällt solchen Fehlern, wie die sind, von denen in dem eben vorangegangenen Abschnitt einige gekennzeichnet wurden. Das Gerechtigkeitsgefühl bedarf, um wieder sicher und kraftvoll zu werden, heute der Stütze, der Schärfung und der Schulung durch klare, das geistige Wesen der Gerechtigkeit erfassende Gedanken, die in unablässiger Bewußtseinsbemühung gesucht und erarbeitet werden.

Solche Bemühung erkennt in der Bestrafung des Kindes eben dieselben vier Hauptelemente wieder, die der Erwachsene überall da fand, wo er ihn treffende Ereignisse als heilsame Schicksalsstrafen durchschaute. Und wie diese Erkenntnis dem Erwachsenen eine Hilfe sein konnte, um die Aufgaben der sittlichen Selbsterziehung immer besser zu erfassen, so kann ihm die Erkenntnis dieser Grundelemente aller Strafe auch eine Hilfe sein, um seine Aufgabe bei der Bestrafung des Kindes immer gerechter, sicherer, förderlicher und wirksamer zu erfüllen.

Auch hier, beim Kinde, spielt die bildhafte Widerspiegelung der geschehenen Taten eine große und wichtige Rolle. Je anschaulicher und einleuchtender Tat und Strafe einander entsprechen, desto besser ist es. Das zu vermeidende Gegenteil davon ist ein schematischer Straf-Tarif, etwa folgender Art, wie er in früheren finsteren Jahrzehnten wohl in der Schule angewendet wurde: 10 Fehler im Diktat ist noch Note „Genügend"; für jeden Fehler mehr gibt es eine „Tatze" (Schlag auf die Hand mit einem Stock oder Lineal). Also 11 Fehler = 1 Tatze, 12 Fehler = 2 Tatzen, 13 Fehler = 3 Tatzen und so ad infinitum. Solch einen Tarif kann man für alle erdenkbaren Vergehen aufstellen. Man braucht dann jeweils nur nachschauen, und man weiß, was die gerade vorliegende Untat „kostet".

Jedes Kind, das nicht schon durch eine derartige Erziehung ganz verhärtet ist, empfindet mit Zorn und Scham das Entwürdigende eines solchen Strafsystems.

Man mag einwenden, das System verbürge eine streng unparteiische Gerechtigkeit, weil jedes Kind nach dem gleichen Maße gemessen werde. Hier liegt aber ein verhängnisvoller Irrtum vor. Ein und dieselbe unrechte Handlung kann bei zwei Kindern etwas ganz Verschiedenes zu bedeuten haben, ja, sie bedeutet sogar niemals ein und dasselbe, bei wie vielen Kindern sie auch vorkommen mag. So wie niemals zwei Kinder gleich sind, so sind auch ihre Handlungen nie gleich. Sie stehen immer, so sehr sie auch in ihrem äußeren Anblick als auswechselbar erscheinen, in einem anderen seelischen Zusammenhang, einem anderen Temperament, Charakter, Schicksal darin. Deshalb ist jede schematische, tarifmäßige Art der Bestrafung etwas, was für diesen Augenblick die Individualität des Kindes verleugnet, ja auslöscht.

Die Strafe soll aber das Gegenteil tun. Sie soll die Individualität aufrufen, aufwecken. Sie soll sich an das individuelle Bewußtsein des Kindes wenden, es anregen und aufhellen. Das geschieht z. B., wenn ein Kind im Garten einen Schaden angerichtet hat und ihm nun dafür aufgetragen wird, für eine Reihe von Tagen beim abendlichen Begießen der Beete kräftig mitzuarbeiten, also jetzt dem Garten etwas Gutes, Nützliches anzutun. Oder das Kind ist gegen einen Erwachsenen der Nachbarschaft frech gewesen. So wird man es veranlassen, nun besonders höflich gegen ihn zu sein, sich in aller Form zu entschuldigen usw.

In dieser Weise kann die Strafe je nach dem Kinde und der Tat unendlich variiert werden, und je genauer sie „paßt", desto besser wird sie vom Bewußtsein aufgenommen. Wiedergutmachen ist etwas, was die Individualität herausholt, weil es den Gerechtigkeitssinn anspricht. Und die Phantasie des Strafenden wird sich nur anstrengen müssen, die innere Entsprechung möglichst genau und anschaulich auch in der äußeren Entsprechung von Tat und Folge herauskommen zu lassen.

Anschaulichkeit und Bildhaftigkeit der Strafe sind die beste Hilfe, die man dem Kinde geben kann, damit es erlebt, wie die Strafe die objektive, notwendige, unvermeidliche Folge des Geschehenen ist. Das Kind soll ja an dem Erlebnis der Gerechtigkeit aufwachen. Das verlangt vom Erzieher eine nie aussetzende Bemühung, immer wieder sein objektives Gerechtigkeitsgefühl herauszuholen und herauszuarbeiten aus den seelischen Emotionen. Wie ein Naturforscher muß er alles, was Kinder anstellen, mit innerer Gelassenheit anschauen lernen. Er muß es ruhig vor seine Seele hinstellen, muß es zu sich reden lassen, muß es selbst aussprechen lassen, wo die Abweichung vom Rechten liegt und was geschehen muß, damit das lebendig schwingende Gleichmaß der Gerechtigkeit wieder hergestellt wird. Dabei muß alle persönliche Erregtheit, Verletztheit, Verärgerung, Empörung schweigen, so berechtigt sie sein mögen.

Gleichzeitig aber, und darin besteht zum guten Teil gerade das Schwierige dieser pädagogischen Aufgabe, darf eine Bestrafung nie nur sachlich, objektiv, unbeteiligt erfolgen. Das wird von Kindern als Kälte, als Hartherzigkeit empfunden und schmerzt oft weit mehr als die Strafe selbst. Objektivität der Strafe und inniges Mitgefühl mit dem Kinde, das durch sie hindurchgehen muß, müssen sich verbinden. Und zum Glück können sie es.

Das Mitempfinden mit dem Kinde wird und muß lebendig werden, weil ja das dritte der unerläßlichen Elemente einer heilsamen Bestrafung die Erweckung eines Schmerzgefühles ist. Wie beim Erwachsenen hat das Schmerzerlebnis eine seelisch reinigende und zugleich eine das Bewußtsein aufweckende und aufhellende Wirkung.

Dabei kann solcher Schmerz in der Strafe von der allerverschiedensten Art sein. Er kann wirklich rein physischer Schmerz sein, wie bei einem Schlage, einer Ohrfeige. Er kann in einer körperlichen Anstrengung bestehen, wenn etwa das Kind einen Teil dessen, was es einkaufen sollte, vergessen hat und nun der ganze Weg eben noch einmal gegangen werden muß. Oder es kann eine leibliche Entbehrung sein, wenn ein Kind, das zu spät zur Mahlzeit kommt, veranlaßt wird, nun auch entsprechend früher von der Mahlzeit aufzustehen, wenn es also vom Nachtisch oder vom Obst nichts erhält.

Aber fast überall mischen sich in die körperlichen Schmerzen die seelischen ein, deren Art und Verschiedenheit unüberschaubar wird, vom derben Zorn des Eingesperrten bis zu den zartesten Seelenschmerzen hinauf. Und man kann die Regel aufstellen, daß der eigentliche höhere Zweck des Strafens um so besser erreicht wird, je mehr man auf die körperlich oder seelisch groben Schmerzen verzichtet und mit feinen, zarten Formen auskommen kann.

So ist, um nur ein einziges Beispiel zu nennen, die Erweckung des Schamgefühls ein Strafmittel, das gewiß mit größtem Feingefühl angewendet werden muß, das aber darum tief, gründlich und stark aufweckend wirkt. Rudolf Steiner erzählte gerne in pädagogischen Vorträgen von einem Lehrer der oberen Klassen der Stuttgarter Freien Waldorfschule. Der bemerkte eines Tages, daß seine Schüler, wie das ja periodisch aufzutreten pflegt, anfingen, sich während der Stunde Briefchen zu schreiben. Er tat nichts weiter, als daß er mit einer schnellen Gedankenwendung seinen Geschichts-Unterricht auf die Entwicklung des Postwesens lenkte und davon erzählte. Die Schüler waren überrascht, dann beschämt, und das Briefeschreiben unterblieb, ohne daß weiter ein Wort darüber gefallen wäre. Ähnliche Wirkungen treten oft ein, wenn auf eine Ungezogenheit, die einen Erwachsenen ärgern sollte, gar keine Reaktion erfolgt, wenn die Sache einfach übersehen oder wenn sie, was zuweilen noch wirksamer ist, nur mit einem herzhaften Lachen quittiert wird.

Solch ein feines, aber durchdringendes Gefühl der Beschämung tut oft Wunder in bezug auf das vierte der Grundelemente der Strafe: es wirkt intensiv auf den Willen. Die Kinder fühlen sich im besten Teil ihres Wesens angerührt. Sie straffen sich innerlich, recken sich in die Höhe, beginnen sich zu zügeln. Es erfolgt, ausgesprochenerweise, das Versprechen, daß man „dies“ nicht wieder tun will, daß man es wiedergutmachen, es besser machen will. Die Strafe hat ihre Wirkung getan. Das Unterscheidungsvermögen ist feiner und sicherer, die Willenskräfte sind kräftiger und tätiger geworden. Das Bewußtsein wurde heller, wacher und umfassender. Die Liebe zum Guten ist gewachsen. Das Kind hat einen Schritt nach vorwärts und aufwärts getan.

Soll man Kinder schlagen?

Mit dem bisher Ausgeführten dürften nun schon die Grundlagen gegeben sein, um gleich eine „brennende“ Frage zu besprechen, die die Gemüter in heftige Erregung zu versetzen pflegt, die Frage nach der körperlichen Züchtigung, nach dem Schlagen der Kinder. Soll man und darf man das tun?

Wir gehen auch hier möglichst vom Konkreten aus und stellen uns vor, ein sonst gutartiger Junge ist einmal roh und gewalttätig gegen seinen jüngeren Bruder oder Spielgefährten geworden. Ein Erwachsener, der dazukommt, macht dem, ohne viel zu reden, mit einer kräftigen Ohrfeige ein Ende. Der Junge braucht nur durch den plötzlichen Schmerz und Schreck schnell aufgeweckt, gleichsam wieder zu sich selbst und zum Bewußtsein gebracht zu werden, und er kann nicht mehr verstehen, wie er etwas so Häßliches hatte tun können. Die Erregung ebbt ab, die Kinder versöhnen sich und spielen miteinander wie vorher. Die moralische Ordnung ist wiederhergestellt, und alles scheint wieder im rechten Geleise.

Aber trotzdem bleibt bei dem Erzieher ein merkwürdig unangenehmes Gefühl zurück. Er fühlt die Notwendigkeit, sich vor sich selbst zu verteidigen. Er sagt sich: die Ohrfeige war ganz gewiß besser, als wenn gar nichts oder nur etwas Schwächliches, Lahmes geschehen wäre. So wurde die Sache prompt, drastisch und eindrucksvoll erledigt. Mit einer Predigt hätte man es nicht geschafft. Gerade in einem solchen Falle hat die wortlose, direkte Aktion ihre entscheidenden Vorzüge. Wenn man also sagen wollte, es sei unter allen Umständen falsch, ein Kind zu schlagen, so wäre das abstrakt, wäre lebensfremd. Es würde von Theorien ausgehen und nicht von konkreten Handlungen konkreter, individueller Kinder. Es gibt eben Fälle, wo keine Zeit zu verlieren ist, und es gibt Kinder, denen man vor allem anderen erst einmal imponieren muß, bei denen man sich erst in Respekt setzen muß, ehe man überhaupt mit irgendwelchen erzieherischen Maßnahmen beginnen kann.

Eine sehr ruhige, besonnene, ältere Lehrerin an einer Waldorfschule, allen groben Eingriffen gründlich abgeneigt, erzählte einmal, wie sie eine völlig verwilderte Klasse von 9—10jährigen zu übernehmen hatte. Später hing diese Klasse mit der größten Liebe an ihr und ließ sich mit jedem leichten Wink gut lenken. „Aber im Anfang war es fürchterlich; ich habe um mich geschlagen wie seit meinen Kindertagen nicht mehr." — Es kann also durchaus Notwendigkeiten geben für körperliche Strafen, und auch gute Resultate, die daraus entspringen.

Das alles überlegt und sagt sich der Erzieher, und doch — jenes fatale Gefühl will nicht weichen. (Und mit Recht. Denn wen, wenn er ein Kind geschlagen hat, nicht die brennende Scham ergreift, der sollte die Hände lassen vom Erzieherberuf. Ihm fehlt da ein Wichtiges, Unerläßliches.) Die Beschämung läßt auch in unserem Falle die Gedanken nicht zur Ruhe kommen und läßt sich von allem, was zur Rechtfertigung der Ohrfeige vorgebracht werden kann, nicht beschwichtigen. Sie verlangt, daß die Sache auch von der anderen Seite her angesehen werden soll, ob nicht jedes Schlagen des Kindes neben der ja vielleicht tatsächlich vorhandenen positiven auch eine negative Seite hat.

Und da zeigt sich denn langsam immer deutlicher: nicht nur, wenn das Schlagen aus der Erregung oder aus der persönlichen Verärgerung heraus geschieht, oder wenn es unbeherrscht, brutal und im Übermaß geschieht, nein, auch wenn der Schlag aus guten pädagogischen Gründen heraus mit voller Besonnenheit, im rechten Augenblick, im rechten Maß und mit guter Wirkung gegeben wird, so hat er doch immer und unvermeidlich auch noch höchst ungute, bedenkliche Nachwirkungen. Denn alle körperliche Züchtigung wirkt, um so mehr je älter die Kinder werden, schädigend, verletzend auf das Ehrgefühl, auf die innere Selbstachtung. Das Kind fühlt sich in seiner Menschenwürde herabgedrückt. Und wenn auch die momentane Wirkung zuweilen überraschend gut ist, so wirkt doch das Ungute lange, zuweilen Jahrzehnte lang nach, wie eine leise, schmerzende Wunde, die nicht heilen will. Diese langandauernden Nachwirkungen, diese Schädigungen, die so tief in das Wesen der Persönlichkeit hineingehen, die sind ja meist, sogar fast immer, unendlich viel wichtiger als der augenblickliche Erfolg. Denn es werden durch solche Angriffe auf das Gefühl der eigenen Menschenwürde ganz langsam, aber sicher wirkend, sehr bedenkliche, böse Eigenschaften im Kinde heraufgeholt und verstärkt.

An dieser Stelle seiner Gedankengänge sieht der Erzieher plötzlich Fälle vor sich, die er erlebt hat, die er aber noch nie in der ganzen Tiefe ihrer Zusammenhänge verstehen konnte. Er erinnert sich, welches Bild man von solchen Kindern bekommt, die vorher in großem Übermaß geschlagen worden sind. Sie sind „wie ein verprügelter Hund“, sind „verschlagen“, kriechend-unterwürfig, aber hinterhältig, tückisch und verlogen. Bei jedem Wort und bei der ganzen Art, sich zu geben, wird die Wirkung wohl berechnet. Alle Jalousien der Seele sind heruntergelassen. Das Menschliche in ihnen ist gar nicht zugänglich. Sie sind wie eine einzige große Angst. Freilich nur vor denen, die sie schlagen könnten. Gegen alle anderen, schwächeren, sind sie das Gegenteil: brutal, grausam, niederträchtig. Sie schlagen und quälen sie, wo sie können, mit Freude und mit Lust, bis zum Sadismus. Denn das Prügeln hat die diabolische Wirkung, daß es unweigerlich mit der Zeit im Kind die Neigung hervorruft, auch seinerseits zu prügeln. Nicht selten sieht man bei diesen Kindern einen Hang zur Tierquälerei. Und oft wenden sich vor allem diejenigen gegen die Abschaffung der Prügelstrafe, die früher selbst viel geschlagen worden sind.

Wer verprügelte Kinder zur Erziehung bekommt, hat eine schwere Aufgabe. Wenn er sie schlägt, macht er denselben Fehler noch einmal und verschlimmert die Sache. Wenn er sie nicht schlägt, wird er nicht ernst genommen, und die ganze, lange angesammelte und äußerlich unterdrückte Wut, Frechheit und Wildheit entlädt sich ihm gegenüber.

Unlösbar ist aber eine solche Aufgabe trotzdem nicht, wie viele Erzieher verwahrloster Kinder bestätigen können. Sie führen ihre Erfolge zum nicht geringsten Teil darauf zurück, daß sie sich niemals, auch durch die derbste Unverschämtheit 14—16jähriger Burschen, verleiten ließen sie je zu schlagen. Nach einiger, oft langer Zeit, fangen die verhärteten Ohren wieder an zu hören, die verhärteten Seelen zu fühlen. Sie erleben, daß es auch noch andere Erziehungsmittel gibt als Prügel. Der Mensch wird in ihnen langsam wieder ansprechbar und beginnt sich zu regen.

Unser Erzieher versteht jetzt immer besser, was an dem derben Beispiel solcher verwahrloster, verprügelter Kinder für die Erziehung „normaler" Kinder zu lernen ist. Er muß sich zweierlei eingestehen. Einmal, daß die Schäden, die an den verprügelten Kindern so auffällig und wie im großen Maßstabe gezeichnet zu sehen sind, im kleinen Maßstab und meist ganz unbemerkt doch tatsächlich überall dort ebenfalls auftreten, wo Kinder überhaupt, wenn auch durchaus „maßvoll" usw. usw. geschlagen werden. Bei jenen Kindern kann man wegen der Vergrößerung das nicht übersehen, was man bei diesen so gerne übersieht, was man übersehen und verdecken möchte. — Das zweite aber, was eingesehen werden muß, ist dies: Wenn man in so schweren Fällen ohne Schlagen auskommen kann, daß es dann bei entsprechendem Willen doch auch in den viel leichteren Fällen der normalen Erziehung möglich sein muß, das Prügeln zu vermeiden.

Wenn der Erzieher das Problem nun in dieser Weise immer wieder durchdacht hat, wenn er wirklich in innerer Ehrlichkeit und mit durchgreifender Rücksichtslosigkeit des Gewissens nach der letzten Konsequenz des Prügelns geforscht hat, dann wird er sich durch den Augenblickserfolg einer Ohrfeige nicht mehr täuschen lassen über den verborgenen, aber tiefen und lange andauernden Schaden, den er damit anrichtet. Und jeder Schlag, den er trotzdem in der Erregung des Augenblicks etwa noch austeilt, wird ihn je länger je mehr in seinem Gewissen brennen. Er wird auf ihn zurückschauend sich eingestehen müssen, daß er hier trotz allem, was man anführen kann, doch eigentlich pädagogisch versagt hat, als er zu diesem kümmerlichsten, primitivsten aller erzieherischen Mittel griff, daß in diesem Augenblick Zorn, Gekränktheit, Bequemlichkeit, mangelnde Phantasie und Lieblosigkeit in ihm die Oberhand gewonnen hatten. Und bittere Beschämung wird ihn aus der Lässigkeit und dem Schlendrian aufrütteln und wird die tieferen Kräfte seines Bewußtseins, seiner moralischen Verantwortlichkeit, seiner pädagogischen Erfindungsgabe und seiner Liebefähigkeit anregen.

Er wird mit Energie und Folgerichtigkeit einen neuen Weg einschlagen. Er wird sich bemühen, das Wesen und die Wirkung der Strafe immer gründlicher durchzudenken und zu verstehen, um dadurch angemessenere Strafen, wenn denn schon gestraft sein muß, zu finden, bessere, heilsamere, förderlichere. Und er wird dabei bemerken, daß dieser Weg zwar beschwerlicher ist als der alte, aber doch sehr wohl gangbar.

Helfende Wirkung

Das Kind hat nicht nur ein sicheres und auf die Dauer untrügliches Gefühl für die Gerechtigkeit und Objektivität der ihm zuerteilten Strafe — das wurde schon ausgeführt — sondern es weiß im Grunde seines Herzens auch ganz genau, ob die Strafe auf sein Wesen eine gute Wirkung hat oder nicht.

Ein kleines schwäbisches Mädchen der 1. Klasse saß in der Pause allein im Klassenzimmer und weinte zornig. Als ein hereinkommender Lehrer sie fragte, sagte es: „Ja, dr Herr S., der hot mi so a'geschriea, weil i net nausganga ben. Aber des kann i gar net braucha, des Aschreia; wega dem gang i gwis net naus." —

Der Erwachsene darf sich nicht von dem äußeren Schein täuschen lassen. Bei einer richtig zugemessenen, den individuellen Fall richtig charakterisierenden Strafe, die das Kind schmerzhaft trifft, wird vielleicht zuerst ein Wutausbruch, ein hemungsloses Schluchzen oder irgendetwas anderes erfolgen, was in gar keiner Weise nach Einsicht in die Gerechtigkeit der Strafe oder nach sicherem Gefühl für ihre heilsame Wirkung aussieht. Aber solcher Zorn oder dergleichen ist in Wirklichkeit sehr oft nur die erste natürliche Reaktion auf den Schmerz, den das Kind in diesem Augenblick erlebt. Und der Schmerz wird zunächst nur noch verstärkt dadurch, daß oft genug in den weniger bewußten Seelenregungen schon die Einsicht in das getane Unrecht und die Reue rumoren. Und er wird weiter verstärkt durch das ebenfalls noch im Unterbewußten bleibende, aber doch schon wirkende Gefühl für die Richtigkeit der Strafe. Das Kind wehrt sich zunächst gegen den Schmerz. Es will solche unangenehmen Erkenntnisse nicht wahr haben, will sie nicht heraufkommen lassen ins Bewußtsein. Es betäubt sich durch den Wutanfall, durch Verstocktheit, oder auch durch eine oft raffiniert geschickt vorgebrachte Verteidigungsargumentation, an die es doch im Grunde selbst nicht glaubt.

Hier entsteht nun für den Erzieher die wichtige Aufgabe, dem Gefühl und der Einsicht, die sich aus dem Unterbewußtsein heraufarbeiten wollen, Geburtshilfe zu leisten. Sehr oft aber wird diese Hilfe reichlich ungeschickt gegeben, wohl mit dem allerbesten Willen, aber nicht ganz aus der rechten Erkenntnis der Situation des Kindes heraus. Denn der Erwachsene kann ja doch diesen Geburtsvorgang, der sich da im Bewußtsein vollzieht, nicht selbst machen, sondern der muß aus dem eigenen Inneren des Kindes hervorgehen. Der Erwachsene kann im besten Falle den Anstoß dazu geben und in vorsichtiger Weise Beistand dabei leisten.

Zu der hier nötigen Vorsicht gehört es nun aber vor allem, daß das richtige Zeitmaß eingehalten wird. Denn dieser Klärungsvorgang im Bewußtsein, der sich da vollziehen will und soll, braucht seine ihm eigentümliche Zeit und läßt sich nicht beschleunigen. Wer in die oben erwähnten täuschenden Zornesreaktionen oder in die Beschönigungsversuche hineinzureden versucht, verstärkt nur den Schleier, der zunächst noch vor der Selbsterkenntnis liegt.

Gewiß soll der Erzieher mit dem Kinde reden über das, was es angerichtet hat. Aber im richtigen Augenblick, und der Augenblick gleich hinterher ist fast in allen Fällen der allerungeschickteste dazu. Darauf hat Rudolf Steiner öfter aufmerksam gemacht. Erst müssen die Versuche des Kindes, die Erkenntnis der eigenen Schuld von sich wegzuschieben, nachlassen, die Gefühlserregung, der erste jähe Schmerz müssen abklingen. Es muß eine gewisse Stille eintreten. In diesem Augenblick aber — er kann sich über Tage hinziehen — ist dann das Kind, wie jeder weiß, der mit Kindern zu tun hatte, für Gespräche ungemein aufgeschlossen. Der Schmerz hat seine seelenöffnende Wirkung getan. Jetzt kann das Kind zuhören, denn jetzt möchte es verstehen. Jetzt sucht es innerlich die Selbsterkenntnis.

Freilich hängt nun wieder alles davon ab, daß das Gespräch in der richtigen Weise vor sich geht. Wenn im Erwachsenen noch der Zorn nachklingt, dann wird er auch jetzt noch schelten, wird bittere, harte Worte sagen, und das Kind, das eben seine Seele so gerne öffnen möchte, wird sich wieder verschließen.

Oder, was leider auch nahe liegt und oft geschieht, der Vater, Lehrer oder wer es sei, wird die ihm günstig scheinende Gelegenheit zu ausgiebigen Ermahnungen benützen. Nun ist aber Ermahnen und Predigen schon sonst ein wenig gutes und — gestehen wir es nur ein — ein sehr wenig wirksames Erziehungsmittel. Es ist tatsächlich genau ebenso schlecht, wie es bequem ist. Man möchte zuweilen leise verzweifeln, wenn höchst wohlmeinende Mütter dem Lehrer sagen: „Ja, was habe ich an den Jungen schon alles hingeredet, jeden Tag und immer wieder, aber er nimmt gar nichts an!" — Die richtige Antwort könnte da eigentlich nur sein: „Das ist es ja gerade, warum er nichts annimmt!" und es macht oft Mühe, dies herunterzuschlucken. Gegen Ermahnungen, und umsomehr je „moralischer" sie sind, hat das Kind das natürliche Gegenmittel, daß es innerlich die Ohren zuklappt, nach dem norddeutschen Jungensspruch: „Schellen deit nich weh un Slagen duhrt nich lang!"

Nein, die Gespräche, die man mit dem Kind führt, wenn es anfängt, innerlich zur Ruhe zu kommen und zugänglich zu werden, dürfen keine Fortsetzung der Strafe sein, sondern müssen ganz und gar helfenden, liebenden Charakter tragen. Sie werden ernst sein, denn die Fragen von Gut und Böse, von Schuld und Sühne sind von sich aus ernst, aber sie sollen nicht hart sein, nicht quälend und grausam. Diese Gespräche sollen Erkenntnis geben, sollen Bewußtseinshemmungen und -schwächen fortschaffen. Sie sollen Klarheit bringen und neue Kräfte entbinden.

Deshalb wird es oft zuerst nötig sein, Handreichung zu leisten zu einem unbeirrten, erkennenden Anschauen dessen, was denn eigentlich geschehen ist. Dabei ist es oft (aber beileibe nicht immer, denn das ist individuell s e h r verschieden) recht gut, wenn man das Kind dazu bringen kann, daß es nun selbst möglichst ruhig, sachlich und genau erzählt, was es getan hat. Man wird erleben, daß ihm das nicht leicht wird.

Nicht nur, daß es ja dazu den Stolz, die Eigenliebe, den Trotz und die Beschämtheit überwinden muß, sondern auch rein das genaue Berichten an sich macht oft die größten Schwierigkeiten. Es kommen erstaunliche Beobachtungs- und Erinnerungsfehler zum Vorschein und wollen richtiggestellt werden. Auch Selbsttäuschungen spielen eine große Rolle. Das Kind merkt, daß das, was wirklich geschehen ist, erstaunlicherweise doch recht anders aussieht als das Bild davon, mit dem es sich in seinem Trotz und Jammer herumgeplagt hatte.

Aber das bloße Aussprechen ist noch nicht alles. Es kann noch mehr geschehen, und dabei kann den Erzieher der Gedanke an die „Rückschau“ manches lehren für die Art, wie er hier Hilfe leisten kann. Er kann z. B. dem Kinde das, was es getan hat, einmal ganz von der anderen Seite her zeigen, von der Seite dessen her, den die Tat getroffen hat, kann dessen Schädigung, Kränkung, Schmerz nacherleben helfen.

Dabei ist es wichtig, daß diese Gefühlserlebnisse durch die Erkenntnisstimmung objektiv und sachlich gehalten werden. „Überlege Dir einmal ....“ Jede Rührseligkeit ist hier verderblich wie Gift, genau so wie beim erzählenden Bekenntnis die zuweilen auftretende Neigung, sich in einer Selbstbeschuldigung zu gefallen. In allem, was hier vom Kind oder vom Erwachsenen gesprochen wird, muß unbedingte, strengste, hellste Wahrheit und nüchterne Sachlichkeit herrschen. So muß auch bei größeren Kindern, bei denen es sich zuweilen nicht schlecht bewährt, das Geschehene auch aufschreiben zu lassen, streng wiederum darauf gesehen werden, daß sich keine schriftstellerische Eitelkeit einmischt.

Das Wichtigste dabei ist immer dies, daß die Dinge aus dem Inneren, wo es noch tumultuarisch zugeht, nach außen herausgebracht werden, daß sie nicht nur gefühlt, sondern angeschaut werden in all ihrer ruhenden Objektivität. Das entlastet die Seele, löst sie aus der Verkrampfung und Verknäuelung. Das Bekenntnis, die „Beichte“ tut ihre erste Wirkung.

Ein weiterer Schritt ist dann der, daß man versucht, das Kind von der Einsicht, der gefühlten Einsicht, daß es etwas Schlechtes, Unschönes, Zerstörendes getan hat, zu der weiteren, jetzt willensgetragenen Einsicht zu führen, daß hier etwas ausgeglichen, wieder gut gemacht, gesühnt werden muß. Bei den dazu zu fassenden Entschlüssen ist oft noch viel Beistand nötig, um auch hier wieder Stolz und Eigenliebe oder auch Schüchternheit, Furcht und Schwäche zu überwinden.

Dabei kann es die denkbar größte Hilfe sein, wenn in diesen Teil des Gespräches oder der mehrfachen, sich vielleicht über Tage hinziehenden Gespräche schon etwas von dem hineinleuchten darf, was am Ende und nach dem Abschluß des ganzen Erlebnisses auftreten kann. Jeder, der die Mühen und die Freuden erlebt hat, Kindern in ihrer moralischen und Charakterentwicklung Hilfen der beschriebenen Art leisten zu dürfen, kennt das jubelnde Glücksgefühl der Befreiung und Reinigung, der inneren Klarheit und Schönheit, der neuerwachten und neugeschenkten Tatkraft und Lebenslust, die man nun mit den Kindern mitempfinden und miterleben kann.

Vorbeugend eingreifen

Aber selbst wenn ein solcher Weg über die Bestrafung eines Kindes wirklich, wie es eben zu beschreiben versucht wurde, bis zum befreienden Ende in der allerbesten Weise durchgeführt werden kann, so sind doch leider die guten und heilsamen Wirkungen durchaus nicht die einzigen, die davon ausgehen und nachwirken. Diese guten Folgen kennt man seit ältester Zeit und hat sie oft und immer wieder von anderen Seiten her beobachtet und dargestellt. Die bedenklichen sind in neuerer Zeit langsam deutlicher geworden. Damit aber haben sich ganz neue Probleme gestellt, die in unseren Tagen in Besorgnis, ja Schrecken erregender Weise offenbar werden.

Wenn ein Kind etwas Böses getan hat — dies wird bemerkt, wird bestraft, und die Strafe führt zu Einsicht und Besserung, so ist das ein wichtiger Schritt in der Entwicklung des Kindes. Es wird da jedesmal ein kleines Drama durchlebt mit allen Stufen eines solchen, von der Entstehung und Verschlingung des Knotens an über die sogenannte Peripetie bis hin zur endlich erfolgten Katharsis, der Reinigung und Stärkung von Seele und Bewußtsein.

Es kommt z. B. ein Kind einmal dazu, den Eltern etwas zu verheimlichen, es verstrickt sich dadurch in kleine Unwahrheiten, vielleicht dann auch in derbe Lügen, es findet schließlich aus der Verworrenheit keinen Ausweg mehr, erlebt unter unendlichen Schmerzen das Schuldgefühl, das innerliche Abgetrenntsein von den Eltern und mehr und mehr auch von allen anderen Menschen, — dann bringt das alles eine solche Unmenge von inneren Qualen, von Ängsten und Erschütterungen mit sich, daß das Kind, wenn das Ganze vorbei ist, oft um Wochen älter und ernster erscheint. Selbst wenn alles zu einem guten Ende geführt werden konnte, wenn wirklich eine gründliche und gute Auflösung der Wirren, eine klare Einsicht und ein die volle Offenheit und das volle Vertrauen wieder herstellender versöhnender Abschluß zustande gekommen ist, so waren die Leiden doch so tief eingreifend, daß lang nachwirkende Verletzungen in der Seele entstehen. Die durchlebten Erfahrungen haben das Kind wacher und bewußter gemacht, sie haben ihm Klugheit gegeben, aber sie haben ihm auch viel seiner unbefangenen Frische, von seiner träumenden Unbekümmertheit geraubt. Bei seelisch oder körperlich zarten Kindern aber kann das bis zu einer deutlich spürbaren Schädigung der vitalen Kräfte gehen, die nur langsam überwunden wird.

Welche Kinder sind aber denn heute nicht in irgend einer Weise seelisch oder körperlich zart und schonungsbedürftig? Wer in der ersten Zeit nach dem zweiten Weltkrieg ins neutral gebliebene Ausland kam, konnte bis ins Tiefste hinein erschrecken, wenn er die dortigen Kinder in all ihrer Kraft und Frische mit denen verglich, die er in Deutschland, Holland, Frankreich etc. kannte. Aber solch ein erster Eindruck blieb doch sehr an der Oberfläche des Problems haften. Denn als nach und nach wieder ein Austausch der pädagogischen Gedanken, Erfahrungen und Beobachtungen über die Grenzen hinweg zustande kam, da zeigte sich gegen alle Erwartung das erstaunliche Bild, daß die gesundheitlichen und seelischen Schädigungen, die man auf direkte Kriegseinwirkungen, auf Bomben und Hunger hatte zurückführen wollen, zum guten Teil bei den siegreichen und vom Krieg im eigenen Lande gar nicht berührten Völkern ebenso zu beobachten waren wie bei den Besiegten. Es hat tatsächlich den Anschein, als ob die Kinder der ganzen zivilisierten Welt heute an ungebrochener Kraft und an Lebensfrische nicht mehr dieselben seien wie früher, als ob sie überall, gewiß in unterschiedlichem Maße, aber doch irgendwie zarter und anfälliger geworden seien.

Mit dieser Tatsache aber rücken alle Fragen der Erziehung, besonders auch unsere Frage der Strafe, in ein ganz neues Licht. Es treten da Schwierigkeiten in der vollen Breite des Erziehungslebens auf, die man sonst nur in Ausnahmezuständen, etwa im Krankenzimmer, kannte. Jedermann weiß, daß man Kindern während einer akuten Erkrankung Dinge durchgehen läßt und durchgehen lassen muß, die sonst ganz gewiß nicht ungestraft bleiben würden. Aber man sieht und weiß, daß das Kind in diesem Zustand die Erregungen und Erschütterungen, die von einer Bestrafung nicht zu trennen sind, nicht ohne schweren Schaden ertragen würde. Mancher Vater, manche Mutter hat schon, wenn die akute Gefahr überstanden war, mit humorvollem Ingrimm zu sich selbst gesagt: „Warte nur, du Racker, wenn du erst wieder ganz gesund bist, wollen wir dir diese Launen schon wieder abgewöhnen!“ — Wie aber, wenn auf eine Änderung dieses Zustandes der Zartheit und des seelischen Schonungsbedürfnisses gar nicht mehr gerechnet werden kann? Wie soll denn die moralische Erziehung vor sich gehen, wenn man immer leise treten muß und nie einmal durchfahren darf? Was soll denn da aus den Kindern werden?

Wenn früher viele Ungezogenheit, so ärgerlich sie war, doch auch das erfreuliche Bild eines prächtigen Überschusses an Lebenskraft, die nur ins richtige Bett geleitet werden mußte, mit sich brachte, so liegen heute die Dinge oft geradezu umgekehrt. Die Ungezogenheit entspringt nicht einem Überschuß, sondern einem Mangel an Vitalität, körperlich ebenso wie seelisch. Wohl nie hat es so viele von Nervosität zappelige, alt aussehende, schnell ermüdbare, übererregbare oder tiefmelancholische, ja depressive Kinder gegeben wie heute.

Diese Kinder begehen ihre unguten Taten nicht mehr aus Übermut und Kraftfülle, sondern sie sind haltlos aus Schwäche, und sie werden es nur noch mehr, wenn man ihnen die inneren Stöße zumutet, die Schmerzen und Erregungen, die im Wesen der Strafe liegen. Ihnen fehlt, um das auszuhalten, gleichermaßen das leibliche wie das seelische Fettpolster. Sie sind in steter Gefahr, wenn man so fest zugreift, wie es sein müßte, irgendwie „aus dem Häuschen" zu kommen, zu toben oder in Minderwertigkeitsgefühlen zu versinken.

Da steht der Erzieher vor schwersten Aufgaben, die in diesem Ausmaße etwas völlig Neues, außer allen Erfahrungen Liegendes sind. Kann denn unter diesen Umständen eine wirksame moralische Erziehung überhaupt noch in Angriff genommen werden? Gibt es einen Ausweg aus diesem Dilemma?

Wenn wir an dieser Stelle von der Pädagogik für einen Augenblick über den nachbarlichen Zaun zur Medizin hinüberblicken, werden bedeutungsvolle Ähnlichkeiten zwischen Krankheiten und Strafen bemerkbar, sowohl im

Wesen als auch im Verlauf. Hier wie dort müssen Abweichungen, Unregelmäßigkeiten und Unvollkommenheiten, die Schmerzen bringen, überwunden werden; hier wie dort müssen dafür Anstrengungen in Kauf genommen werden, müssen dafür Opfer gebracht werden. Eine Wunde heilt, aber sie läßt eine Narbe zurück. Fieber ist eine Heiltätigkeit des Organismus, aber es verbraucht Kräfte. Wenn der Organismus diese Kräfte nicht mehr besitzt, dann kann ihm das an sich heilsame Fieber zum Verhängnis werden. Er hält es nicht mehr aus. Genau so halten eben heute die Kinder zuweilen den an sich heilsamen Ablauf von Strafe, Reinigung, Einsicht und Wiedergutmachen nicht mehr aus, weil ihre physischen wie seelischen Kräfte zu schwach geworden sind.

Für die Medizin hat man seit ältesten Zeiten (vielleicht damals sogar mehr als heute) daraus die Folgerung gezogen, daß die Tätigkeit des Arztes nicht erst während der Krankheit einsetzen solle, sondern schon vorher. Daß es seine Aufgabe sei, die Heilkräfte des Organismus zu fördern und zu stärken, sowohl ganz im Allgemeinen wie auch in den Einzelfällen, wo eine „Disposition“ zu speziellen Krankheiten vorliegt. „Vorbeugen ist besser als Heilen.“

In der Pädagogik liegt es im Grunde gar nicht anders, nur vielleicht doch noch um einige Grade schwieriger. Auch hier ist seit den ältesten Zeiten bekannt, daß Vorbeugen besser ist als hinterher Strafen. Es ist leichter und wirksamer, ein Kind vor schlechtem Umgang zu bewahren, als dessen böse Folgen, wenn sie einmal eingetreten sind, wieder wegzubringen. Aber auf dem moralischen Gebiet tut es das Abschließen allein nicht. Man kann die Kinder nicht „unter eine Käseglocke setzen“. Ja, wenn nicht die bösen Neigungen und Versuchungen ebensogut von innen her, aus der eigenen Seele, entspringen würden!

Deshalb ist es viel wichtiger, die seelische Aktivität, die Willenskraft, das sittliche Unterscheidungsvermögen, die Liebe zum Guten, aufzurufen und zu stärken, sie auf das richtige Gebiet zu lenken, ihnen die rechten Ziele zu weisen, so daß den bösen Neigungen und den herantretenden Versuchungen kraftvoll entgegengetreten werden kann.

Freilich, das Wort Schopenhauers ist schon richtig: Moral predigen ist leicht, Moral begründen ist schwer.

Gerade in dieser Hinsicht hat nun Rudolf Steiner der Pädagogik neue Wege und Möglichkeiten eröffnet. Er hat gezeigt, wie die zu leistende pädagogisch-moralische Hilfe auf einer wirklich zuverlässigen und tragfähigen Erkenntnis vom Wesen des heranwachsenden Kindes aufgebaut werden kann. Selbstverständlich können hier nicht diese Erkenntnisse, ihre geistigen Grundlagen und ihre praktischen Auswirkungen ausführlich dargestellt werden. Sie liegen der Öffentlichkeit seit langem vor in Rudolf Steiners pädagogischen Schriften und Vortragsreihen.* Und sie haben praktische Gestalt angenommen in den

* Eine kurze Auswahl sei hier aufgeführt: „Die gesunde Entwickelung des Leiblich-Physischen als Grundlage der freien Entfaltung des Seelisch-Geistigen". 14 Vorträge, Dornach 1921/22. „Anthroposophische Menschenkunde und Pädagogik". 9 öffentliche Vorträge in verschiedenen Städten 1923/24. „Gegenwärtiges Geistesleben und Erziehung". 14 Vorträge, Ilkley/England 1923. „Anthroposophische Pädagogik und ihre Voraussetzungen". „Die Erziehung des Kindes vom Gesichtspunkte der Geisteswissenschaft". Die grundlegende Schrift aus dem Jahre 1907: „Die Erziehungsfrage als soziale Frage". Die spirituellen, kulturgeschichtlichen und sozialen Hintergründe der Waldorfpädagogik. 6 Vorträge, Dornach 1919. „Die pädagogische Grundlage und Zielsetzung der Waldorfschule". 3 Aufsätze 1919/20. Alle im Rudolf Steiner Verlag, Dornach erschienen.

Schulen und heilpädagogischen Instituten, die auf dieser Grundlage arbeiten. Die Freie Waldorfschule in Stuttgart, die Rudolf Steiner von ihrer Gründung im Jahre 1919 an bis zu seinem Tode im Jahre 1925 geleitet hat, hat Nachfolgeschulen gefunden.*

Um aber möglichst konkret zu zeigen, wie die Hinweise Rudolf Steiners für eine vorbeugende, nicht nur hinterher strafende moralische Erziehung fruchtbar werden können, soll aus der Fülle dessen, was da in Betracht käme, hier eines ausgewählt werden. Rudolf Steiner hat vielfach geschildert, in welchen Umwandlungen die physische, seelische und geistige Entwicklung des Kindes vor sich geht. Er hat den inneren Rhythmus und die Gesetzmäßigkeit dieser in Stufen von sieben zu sieben Jahren verlaufenden Bewußtseins-Entfaltung sehen gelehrt. Und je gründlicher und tiefer die Wesens-Eigenarten und -Unterschiede dieser Siebenjahres-Stufen erfaßt wurden, als desto fruchtbarer haben sie sich in der praktischen, täglichen Erziehungsarbeit bewiesen. Das ist ein Erfahrungsergebnis aus der über dreißigjährigen Geschichte der Waldorfschul-Pädagogik. In besonders hohem Maße gilt das auf unserem Gebiete der moralischen Erziehung.

Deshalb soll hier der Versuch gemacht werden, den Zusammenhang zwischen dem inneren Wesen jeder dieser Siebenjahresstufen und den gerade ihr besonders angemessenen Maßnahmen einer vorbeugenden moralischen Erziehung darzustellen. Und wenn dabei eine gewisse, in diesem Falle unerläßliche Breite den Rahmen dieser Schrift vielleicht zu sprengen scheint, wenn es scheint, als ob die Erörterung sich zu sehr in das übergroße Feld

* Zur Zeit (im Jahre 1982) sind es in Westdeutschland und Westberlin ihrer 63, im übrigen Europa und weltweit 220 Schulen.

der allgemeinen moralischen Erziehung hinein verliere, so dürfte es sich zuletzt zeigen, daß der Weg doch am Ende immer wieder in das Zentrum unseres Themas, zur Frage der Strafe, zurückführt.

Die ersten sieben Lebensjahre

Die Eigenart und Schwierigkeit, aber auch das besonders Schöne und Reizvolle der Erziehungsaufgabe in den ersten sieben Lebensjahren beruht weitgehend darauf, daß das Kind für vernünftige Erwägungen und Ermahnungen zuerst schlechthin gar nicht, und selbst später, wenn es schon gegen das 7. Jahr hingeht, nur sehr wenig zugänglich ist. Dafür lebt es aber in einem schier grenzenlosen, immer wieder tief beschämenden, unbedingten Vertrauen auf die Güte, Liebe und Vorbildlichkeit des Erwachsenen.

Dieses Vertrauen ist dem Kinde freilich nicht bewußt; es wächst ganz elementar aus der Natur seines Wesens heraus, im Grunde genommen gar nicht anders als die natürlichen Leibesvorgänge von Wachen und Schlafen, Essen und Trinken. Aus diesem leiblich und naturhaft begründeten Vertrauen entspringt nun auch jenes so besonders Charakteristische im Verhalten des Kindes, daß es nämlich nicht anders kann und will, als das, was es den Erwachsenen tun sieht, selbst auch zu tun. Daß es z. B. (von unnormalen Fällen abgesehen) gar nicht anders kann, als das nachsprechen oder nachsingen, was die Mutter ihm vorspricht oder vorsingt.

Man hat dieses Verhalten wohl als „Nachahmung“ bezeichnet. Es darf aber niemals dabei außer acht gelassen werden, daß dieses Wort doch, um auf das kleine Kind zuzutreffen, viel zu sehr nach bewußter Absicht klingt. Nun kann zwar das Kind selbstverständlich auch willentlich nachahmen, zuweilen sogar verblüffend gut, aber darum handelt es sich hier nicht. Es handelt sich vielmehr um das ganz unwissentliche Mitleben und Mithandeln mit den Erwachsenen, wobei alles, was sie in der Umgebung des Kindes tun, genauer gesagt, was sie in der Ganzheit ihres Wesens *sind*, von der Ganzheit des Kindeswesens wie aufgesogen wird, bis in die innersten Regungen des kindlichen Wesens und Willens hinein, aber des noch tief unter der Schwelle des Bewußtseins liegenden Willens. Einen letzten Rest von solchem unbewußten Mittun erleben wir als Erwachsene noch, wenn wir in dem Augenblick, wo wir jemanden gähnen sehen — gleichfalls gähnen — nicht etwa wollen, sondern müssen. Da werden die tiefsten Wesensschichten wirksam, die noch unter dem eigentlichen Seelischen liegenden Lebens- und Gewohnheitskräfte, in denen die mehr dauernden Züge der menschlichen Persönlichkeit wurzeln, das Temperament und jenes ganze Gewebe und Gefüge des Habituellen, das für jeden Menschen so charakteristisch ist. Rudolf Steiner hat für diesen Organismus der Gewohnheiten, der gestaltenden Lebenskräfte und Lebensvorgänge auch wohl den alten Ausdruck „Ätherleib" gebraucht. Und ebendiese Welt der leiblich-ätherischen Vorgänge ist es, aus der heraus die kindliche „Nachahmung" eigentlich entspringt.

Rudolf Steiner hat in seiner schon 1907 erschienenen grundlegenden kleinen Schrift „Die Erziehung des Kindes vom Gesichtspunkte der Geisteswissenschaft" ein sehr aufschlußreiches Bild gebraucht, um zu zeigen, in welchem Verhältnis dieser ätherische Organismus des Kindes in seinen ersten sieben Lebensjahren zu dem der Erwachsenen steht. Er spricht davon, daß der Ätherleib des Kindes erst um das 7. Jahr herum „geboren“ werde. Das heißt also, diese ganze Welt der Lebens- und Gewohnheitskräfte des Kindes ist von den gleichen Kräften der Erwachsenen noch so ungetrennt, bildet mit ihnen zusammen noch einen so einheitlichen, so in sich geschlossenen Organismus, wie es der kindliche und der mütterliche physische Leib vor der physischen Geburt taten. Und wie damals Blutkreislauf, Ernährung usw. bei Mutter und Kind einander auf das innigste durchdrangen, so durchdringt sich nun bis zum 7. Jahre hin der (allerdings nicht sinnlich wahrnehmbare) Organismus der leibaufbauenden und Gewohnheiten begründenden Kräfte des Kindes noch mit dem der um ihn lebenden Erwachsenen.

Um die Fruchtbarkeit dieses Erkenntnisbildes für die Erziehung, insbesondere für die moralische, anzudeuten, möge es erlaubt sein, von einem Beispiele auszugehen, das darstellen soll, wie in einem ganz konkreten Falle eine für das Kind schmerzhafte Folge, eine freilich nicht im eigentlichen Sinne moralische Strafe, vorbeugend vermieden werden kann.

Man wollte ein Kind, das eben laufen gelernt hatte, davor bewahren, daß es sich am Ofen die Hände verbrennt und erst daraus dann lernt, den heißen Ofen zu scheuen. Da wurde in den Wochen, bevor der Ofen wieder angezündet werden sollte, mit dem Kinde ein kleines Spiel aufgeführt und viele Male wiederholt, in dem ein Erwachsener sich mit der Hand dem Ofen näherte, sie dann aber im schnellen Schrecken wieder zurückzog, ohne ihn zu berühren. „Au! das ist heiß! das fassen wir ja nicht an!“ Das Kind machte es nach, auch immer wieder und wieder, bis sich die Scheu vor dem Ofen in ihm zu einer selbstverständlichen, sicheren Gewohnheit entwikkelt hatte. Jetzt war es unnötig geworden, daß es sich, um klug zu werden, erst die Hand verbrennen mußte. Die „Strafe“ war entbehrlich geworden.

Derartige Erlebnisse, von denen gewiß jeder, der sich mit kleinen Kindern abgegeben hat, viele Beispiele erzählen könnte, sind in mehrfacher Beziehung aufschlußreich.

Zunächst: so etwas muß getan, nicht geredet werden. Ermahnen bewirkt nichts, Vormachen alles. Ferner muß alles wiederholentlich geschehen, so lange, bis es sich als feste Gewohnheit eingeprägt hat. Beides aber ist dem kindlichen Spiel eigentümlich und deshalb hat man mit der richtigen Lenkung und Anleitung des Spieles wirklich eines der stärksten pädagogischen Zaubermittel in der Hand, um tief in die Neigungen und Gewohnheiten des Kindes hineinzuformen. Man kann dem verzärtelten Kinde eine Rolle im Spiel zuteilen, in der es kräftig handeln muß, etwa die eines Schmiedes, dem furchtsamen die eines Löwen, dem unsozialen eine mütterlich-pflegerische. Im Bemühen, sich in die Rolle hineinzuleben und es recht gut zu machen, werden Kräfte wachgerufen, die die Einseitigkeit ausgleichen. Zuweilen wird man auch mit dem Gegensatz arbeiten können. Wie man ein reichlich langsames Kind durch das entsprechende Spielzeug veranlassen kann, rascher und wacher zu werden, so kann man ein allzu beweglich und oberflächlich spielendes, indem man ihm überschnell immer anderes Spielzeug gibt, dazu bringen, daß es sich sehnt, einmal eine Zeitlang ruhig bei einer Sache bleiben zu können. In jedem Falle wird man am Ausgleich der Eigenschaften und Neigungen arbeiten, und man wird so versuchen, dem schmerzhaften Anecken, zu dem die Einseitigkeit führen kann, zuvorzukommen.

Gegen Ende dieser 7 Jahre wird neben der gespielten Handlung auch die erzählte, besonders das Märchen, immer wichtiger werden, wenn dessen Wirksamkeit auch erst im nächsten Altersabschnitt voll heraustreten kann. Denn in den ersten 7 Jahren geht doch der stärkste Einfluß immer von dem aus, was wirklich getan, nicht bloß gesagt wird. Es ist deshalb gut, Kindern vor dem 7. Jahr so zu erzählen, daß dabei sehr plastisch und eindringlich gesprochen wird und daß das Wort vielseitig von lebendigen, ausdrucksvollen Gebärden unterstützt wird. Denn die Geste, die Gebärde, ist es, die sich am allertiefsten einprägt und am stärksten nachwirkt. So wie das Kind die Sprach-Gebärde, den Stimmklang und den Tonfall von den Erwachsenen übernimmt, so übernimmt es auch die Gebärde der Freundlichkeit, der Fürsorglichkeit, der Arbeitslust, der Frömmigkeit. Aber es bleibt in diesem Alter nie bei der äußeren Gebärde allein, sondern was die Hand, was der ganze Leib tut, ist nur der Ausdruck dessen, was als innere seelische Haltung der Freundlichkeit, Frömmigkeit, Freudigkeit gleichfalls übernommen wird.

Das Hineinformen in die leibbildenden, Gewohnheiten tragenden Kräfte des Kindes, in seinen Ätherleib, kann nun noch sehr verstärkt werden, wenn man das, was man mit den Kindern tut und sie tun läßt, nicht nur häufig wiederholt, sondern wenn man in dies Wiederholen einen regelmäßig, streng festgehaltenen Rhythmus hineinbringt. Dinge, die jeden Tag in derselben Weise wieder getan werden, eine feste, wenn auch nicht pedantische Tageseinteilung, Regelmäßigkeit und geordnete Form des Schlafengehens, all solche Dinge legen die festen Fundamente zu dem, was dann im späteren Leben als tief eingeprägte gute Gewohnheiten, als tragende Schichten des Charakters wirksam werden wird. Das „jung gelernt, alt getan" gilt am allermeisten gerade auf dem moralischen Gebiete.

So mag man bei einem ein wenig triebhaft-gefräßigen kleinen Kerl gut tun, mit besonderer Sorgfalt und Konsequenz auf gute Essensmanieren zu sehen, auf gewaschene Hände, auf langsames Essen, auf Sauberkeit um den Teller herum. Man wird aber auch streng darauf achten, daß der kleine Mann dankt, wenn er etwas bekommen hat, daß er anderen (wenn auch zuerst ungern) etwas abgibt. All das wird man nicht durch Ermahnungen und Befehle erreichen, wohl aber dadurch, daß man nie unterläßt, es selbst vorzumachen. Dabei kann oft der Hinweis sehr nützlich sein: „Sieh, so macht es die Mutter!" Dann kann man gewiß sein, daß man in dem, was so zur Gewohnheit geworden ist, wirklich etwas geschaffen hat, was lebenslang nachwirkt und was stark daran mitarbeitet, Zerfahrenheit in feste Willenskraft und triebhaften Egoismus in Rücksichtnahme und Nächstenliebe umzuformen.

Je mehr man einsieht, wie tief in dieser Zeit die pädagogische Führung in das Wesen des Kindes hinuntergreift, desto mehr erkennt man, wie falsch die üblichen Anschauungen oft sind. Nicht die Erziehung größerer Kinder und heranwachsender junger Leute ist die wichtigste, folgenreichste und schwerste, sondern gerade die der Kinder dieses zartesten Alters. Der Kindergarten ist, von der moralischen Erziehung aus gesehen, viel wichtiger als die Universität.

Das 7.—14. Lebensjahr

Der innere Zustand der Kinder im 2. Jahrsiebt ist dem der Erwachsenen schon bedeutend nähergerückt. Jene tiefste Schicht, die der Träger des Lebenselementes, der Gewohnheiten und Temperamente ist, ist gegenüber der Umwelt um das 7. Jahr herum zu einer gewissen Selbständigkeit gekommen. Dieser Organismus der Lebenskräfte des Kindes, sein „Ätherleib“, hat sich von dem der Erwachsenen losgelöst, wie es sieben Jahre früher der physische Leib getan hatte; er ist „geboren“ worden. Noch „ungeboren“ bleiben aber alle diejenigen inneren Erlebnisse, die man zwar noch nicht im eigentlichen Sinne als ganz bewußt ansprechen kann, die aber doch schon viel näher an das Vollbewußtsein heranreichen, und die man im engeren Sinne die „seelischen“ Vorgänge zu nennen pflegt. Für sie besteht in den jetzt folgenden Jahren durchaus noch ein solches Verhältnis zum Erwachsenen, eine solche enge, ungewollte und ungewußte Verbundenheit und Einheit mit ihm, daß hierfür der Vergleich mit dem Zustand in den Monaten vor der Geburt noch vollauf gerechtfertigt ist. So gehen jetzt zwar die Handlungen der Erwachsenen nicht mehr ungebrochen und unaufhaltsam in das Leben und Handeln des Kindes über. Wohl aber gehen alle Seelenregungen der Umgebung, und eben gerade auch die weniger bewußten, noch unmittelbar in das Kind hinein. Freude und Traurigkeit, Lebenslust und Sorge, ruhige Sicherheit und gespannte Unrast, sie werden noch vom Kinde, wie durch eine unterirdische Leitung vermittelt, nicht angeschaut, sondern einfach miterlebt. Von dem, was so durch die Seele der Erwachsenen zieht, ernährt sich das Kind und baut seine eigenen Seelenkräfte daraus auf, wie es sich vor der Geburt vom Leibe der Mutter, und in den ersten 7 Jahren von den leibaufbauenden Lebenskräften der Menschen seiner Umgebung genährt hatte.

Auch für diese, an sich doch sehr genau beobachtbare und beschreibbare Art der Verbundenheit zwischen Kind und Erwachsenen, gibt es heute keine gängige, wirklich genau treffende Bezeichnung. Rudolf Steiner hat dafür meist das Wort „Autorität" gebraucht, aber es ist dabei immer in Anschlag zu bringen, daß dieser Ausdruck von einem Verhältnis der Verbundenheit und Abhängigkeit unter Erwachsenen abgenommen ist. Wenn er auf Kinder angewendet wird, muß man, ähnlich wie es beim noch jüngeren Kinde mit dem Worte „Nachahmung" nötig war, auch das Wort „Autorität" viel tiefer ins Unterbewußte, Naturgegebene, sich von selbst Verstehende hinunter übersetzen.

In seinem Bemühen, die hier vorliegenden Tatsachen im inneren Wesen des Kindes dem Verständnis zugänglich zu machen, hat Rudolf Steiner auch hierfür wieder auf Ausdrücke zurückgegriffen, die aus älterer Überlieferung stammen. und hat auf dieses in sich zusammenhängende Gebilde, auf die Ganzheit, auf den Organismus der seelischen Erlebnisse den Ausdruck „Astralleib" angewendet. Dementsprechend sprach er für dieses zweite Jahrsiebt von einer noch bestehenden „Ungeborenheit des Astralleibes", dessen Geburt dann um das 14. Jahr herum eintritt.

Die Erkenntnis dieser beiden Tatsachen — mit dem Zahnwechsel eingetretene Selbständigkeit der Lebenskräfte (Geburt des Ätherleibes) einerseits und noch bis zur Geschlechtsreife andauernde enge Verbundenheit des seelischen Lebens (noch vorgeburtlicher Zustand des Astralleibes) andererseits — gibt nun tatsächlich dem Erzieher den Schlüssel für das Verständnis dieses Lebensalters vom 7.—14. Jahr in die Hand. Das bewährt sich bis in alle einzelnen Maßnahmen der Erziehung und des Unterrichts hinein; in besonderem Maße aber für das uns hier beschäftigende Kapitel der moralischen Erziehung. Der praktisch tätige Erzieher wird die wenigen Hinweise, die hier gegeben werden können, unschwer variieren, vermehren und ergänzen können.

Daß der Organismus der Lebenskräfte mit etwa dem 7. Jahre unabhängiger wird, hat zur Folge, daß dasjenige, was das Kind den Erwachsenen tun sieht, nun nicht mehr so unmittelbar in sein eigenes Tun und Handeln, in seinen eigenen Willen hinüberfließen kann und muß. Das Kind tritt gleichsam von der Welt und den Menschen um einen Schritt zurück. Es schaut sie an und verarbeitet das Geschaute zu inneren Bildern. In diesen Bildern lebt es mit seiner Seele, und erst von da aus tritt dann die Wirkung auf den handelnden Willen ein. Die innere Bilderwelt schiebt sich gewissermaßen hinein zwischen die Welt der handelnd tätigen Erwachsenen und das Handeln des Kindes als etwas ihm zu eigen Angehörendes. Dem Kinde einfach das Rechte vorzumachen verliert seine Zauberkraft. Dafür aber ist die innere bildererschaffende Tätigkeit der erzieherischen Hilfe zugänglich — und bedürftig. „Das Kind lechzt nach Bildern", sagte Rudolf Steiner einmal. Das gilt für alle lehrende Tätigkeit, für allen Unterricht, es gilt aber auch für die moralische Erziehung. Denn man hat ja in der Art der inneren Bilder, die man dem Kinde gibt, oder die man in ihm entstehen läßt, jetzt ein neues, stark und tief eingreifendes Mittel, um in sein Handeln, mit allen seinen Einseitigkeiten, Unarten und Schwierigkeiten, lenkend und helfend hineinzuwirken.

Es ist z. B. immer wieder beobachtet worden, wie außerordentlich wirksam es ist, wenn man, nach einem Ratschlag Rudolf Steiners, dem man vielleicht zuerst gar nicht ohne Skepsis gegenüberstand, daranging, dem Kinde eine Geschichte zu erzählen, die auf seine ganz bestimmten Charaktereigenschaften, Angewohnheiten und Schwierigkeiten zugeschnitten war. Wenn es sich um ein egoistisches, triebhaft-gieriges Kind handelte, so wurde ihm vielleicht die alte Fabel erzählt von dem Hunde, der mit einem Stück Fleisch im Maul über eine Brücke geht. Da sieht er das Fleisch im Wasser gespiegelt. In seiner törichten Gier will er auch das noch dazu haben und schnappt danach. Dabei fällt ihm aber sein Stück Fleisch aus dem Maul, fällt in das Wasser, und nun hat er gar nichts mehr.

Oder man wird für ein Kind, das es mit der Wahrhaftigkeit schwer hat, die Geschichte von dem Lügner erzählen, dem niemand mehr glauben will, auch da nicht, wo er nun wirklich einmal die Wahrheit redet.

Viele alte Fabeln und Märchen können da herangezogen werden, und sie sind um so wirkungsvoller, je anschaulicher man sie bis in die Einzelheiten hinein ausgestaltet, und je eindringlicher man sie erzählt. Noch weit besser ist es allerdings, wenn man es wagt, solche Geschichten für das betreffende Kind und die betreffende Situation ganz neu zu erfinden. Mögen sie zuerst noch so unbeholfen sein, der Erzähler ist doch mit einem viel größeren eigenen inneren Anteil dabei, und gerade das ist das Wirksame, weil es unmittelbar in das Kind hinübergeht.

Man kann nun die Geschichten in zweierlei Arten ausgestalten. Einmal so, daß man nur die schlimme Eigenschaft möglichst charakteristisch und bildhaft vor das Kind hintreten läßt, so daß es deren Häßlichkeit recht gründlich empfindet. Man kann aber auch durch den Verlauf der Erzählung zeigen, wie eine schlimme Tat sich selbst ad absurdum führt. Man kann z. B. für ein Kind, das in seliger, zeitloser Langsamkeit überall zu spät kommt, eine Geschichte von einer Schnecke erfinden, die zu Einladungen immer erst ankommt, wenn die anderen Gäste schon alles Gute aufgegessen haben. Solch eine Geschichte kann man sehr oft erzählen und wiedererzählen lassen. Man kann sie aber auch bald durch eine ähnliche, die dieselbe Tendenz hat, ersetzen. Je lebendiger dabei die eigene Erfindung ist, desto besser. Es ist, wie gesagt, vielfach erprobt, wie stark dieses Mittel in diesem Lebensalter eingreifen kann.

Man braucht aber keineswegs bei den abschreckenden Bildern stehen zu bleiben, sondern man kann auch viel erreichen, indem man nachahmungswerte und zur Nachahmung verlockende Beispiele vor die Kinder hinstellt. Gerade die positive Aufmunterung und Befeuerung wird den noch zarten Kräften des Guten oft noch mehr wohltun als das bloß Negative. Man kann etwa einem kleinen Angsthasen Geschichten erzählen wie das „Märchen von einem, der auszog, das Fürchten zu lernen", oder wie die „Bremer Stadtmusikanten". Und wenn dann mit der Zeit von den Märchen der Übergang gemacht wird zu den Sagen und weiterhin zu den eigentlich geschichtlichen Gestalten, dann eröffnen sich erst recht fruchtbarste Möglichkeiten. Siegfried und Kriemhild, Achilles und Hektor, Alexander der Große, Hannibal, Arminius nach der heldenhaft-tatkräftigen Seite hin, Buddha, Sokrates, St. Franziskus, St. Elisabeth in dem Streben nach Wahrhaftigkeit und Menschengüte: sind die Jahrtausende doch übervoll von Gestalten, aus deren Bildern die Seele des Kindes stärkende Kräfte des Guten saugen kann, von den alles überragenden Bildern der biblischen Erzählungen noch ganz zu schweigen. Und immer kann die pädagogische Absicht eine doppelte sein: man kann solche Geschichten erzählen, um im Allgemeinen veredelnd und das Gute herauslockend auf die Kinder zu wirken, und man kann daneben mit dem einen oder anderen Kinde oder mit Gruppen von Kindern die Absicht verfolgen, daß die Geschichten in ganz spezieller Weise auf bestimmte Eigenschaften wirken, daß sie ausgleichend, besänftigend, Mut machend, anfeuernd, reinigend in der Seele arbeiten sollen.

Auch vieles andere kann noch in demselben Sinne angewendet werden. Wenn der Lehrer etwa im ersten Tierkunde-Unterricht über Stier und Kuh gesprochen hat und es dann in einer kleinen dramatischen Szene zusammenfaßt, so wird es vielleicht einen zum blindwütigen Toben neigenden Buben mindestens für eine gewisse Zeit merklich beruhigen und besonnener machen, wenn er ihn die Rolle des wilden Stieres darstellen läßt. Und einem etwas schläfrigen Mädchen wird es gut tun, die brave Kuh zu spielen.*

Dabei schadet es, wenn nur sonst das rechte Vertrauensverhältnis zum Erwachsenen, die echte selbstverständliche, nicht erzwungene Autorität vorhanden ist, gar nicht so viel, wenn ein Kind durchschaut, warum es gerade diese Geschichte nacherzählen oder gerade diese Rolle spielen soll. Freilich darf man unter keinen Um-

* Siehe „Naturkunde bei den Kleinen“ (3. Klasse), Eine Kinderszene von Hans Rutz. — In der Zeitschrift „Die Freie Waldorfschule“, Heft 6, Dezember 1924.

ständen etwa moralpredigend drauf herumreiten, dann wäre es mit der Wirkung sofort aus. Gerade von dem Unausgesprochenen gehen die helfenden Kräfte aus, auch wenn alle Beteiligten genau wissen, wer wohl gemeint ist.

Ähnlich ist es mit der in den Waldorfschulen geübten Praxis, die Kinder gleichen Temperamentes in einer Gruppe zusammenzusetzen. Es ist zuweilen unbequem, aber gerade durch das Zusammenstoßen mit ähnlichen Einseitigkeiten, in denen das Kind sich wie im Spiegel erkennt, kann manches ausgeglichen werden, was sonst zu strafbaren Taten oder Nachlässigkeiten führen würde. Wenn ein zwölfjähriger, sehr phlegmatischer Junge nach Hause kommt und zu seiner Mutter sagt: „Du, Mutter, jetzt sitz' ich neben einem" (er schüttelt den Kopf), „der ist gerade so wie ich!" — dann ist da ganz entschieden etwas heilsam Aufrüttelndes vor sich gegangen. *

Alle diese bildhaften Erlebnisse, in denen dem Kinde das eigene Wesen von außen wie gespiegelt entgegentritt, tun um so besser ihre Wirkung, je stärker die Seele des Erwachsenen dabei als Vermittler tätig ist. Da wirkt sich dann die zweite Haupteigenschaft dieses Lebensalters zwischen dem 7. und 14. Jahre aus, daß das Kind jetzt in seinen Seelenvorgängen noch mit dem Erwachsenen innig verbunden und von ihm abhängig ist. Es empfindet als schön und richtig oder als liebenswert und gut, was der ihm nahestehende Erwachsene so empfindet. Es sieht die Welt durch seine Augen und lernt sie auf diese Art nach und nach immer besser sehen, sowohl die natürliche wie die moralische Welt. Deshalb sollen z. B. die erwähn-

* Siehe „Das Temperament des Kindes und die Erziehung" von Berthold Walter Meyer. — In der Zeitschrift „Erziehungskunst", Jahrg. XIII, Heft 5, Sept.—Okt. 1949, S. 320.

ten auf die Charakterentwicklung hinzielenden Bilder und Erzählungen nie anders gegeben werden als mit voller, wahrhaftiger innerer Beteiligung des Erzählenden. Dann wird seine Bewunderung und seine Liebe zu den dargestellten Persönlichkeiten oder aber auch seine Abscheu, seine Verachtung, wenn es sich um üble Gestalten handelt, unmittelbar auf die Kinder übergehen, und ihre moralische Empfindungsfähigkeit, ihr sittliches Urteil kann sich an diesem Mitempfinden und Miturteilen heranbilden.

Auch dies gilt wieder ebenso im allgemeinen Sinne des moralisch Aufbauenden, wie auch im besonderen, daß auf einzelne Wesenszüge bestimmter Kinder, die dessen besonders bedürftig sind, gewirkt werden soll. Wenn der Erwachsene weiß, daß alles Gute und Liebevolle in seiner Seele direkt zum Kinde hinübergeht, so wird er immer mehr danach streben, fördernde, erwärmende, aufbauende und seelisch ernährende Gefühle und Gedanken in sich wachsen und leben zu lassen. Alles Kritische, Intellektuelle, Zerrissene und Unbeherrschte seines Wesens wird er vom Kinde fernzuhalten suchen. Er wird aber auch, wenn ein Kind es besonders nötig hat, sich innerlich erfüllen mit wagemutigen, kühnen, oder mit hingebendhelfenden Empfindungen, so daß diese Seelenelemente durch jene geheimnisvolle seelische Untergrundverbindung, auf die man mit dem Worte Autorität hindeutet, in die Seele des Kindes hinüberfließen.

Da kann es denn, je nach der Seelen- und Liebeskraft des Erziehenden, wohl auch mehr oder weniger gelingen, gefährliche Tendenzen im Kinde mit zarter Hand schon umzulenken und umzuformen, ehe sie noch zu solchen Äußerungen und Taten führen, die, wenn sie einmal eingetreten sind, der ausgleichenden und bewußtseinerweckenden Strafe nicht mehr entraten könnten.

Das 14.—21. Lebensjahr

Um das 14. Jahr herum geschieht im Wesen des Kindes bekanntermaßen wieder eine wichtige Veränderung. Der Heranwachsende tritt von der ihn umgebenden Welt und den Menschen abermals gleichsam um einen Schritt zurück. Jetzt hört auch im seelischen Leben die enge Verbundenheit auf, die zwischen dem Kinde und den Erwachsenen um ihn bisher bestand. Wiederum wird mit dem Abstand auch die Selbständigkeit größer. Die Seelenerlebnisse werden zu einem abgeschlossenen Innenbezirk, werden Eigenbesitz. Jetzt wird auch der seelische Organismus, der Astralleib, „geboren", um dieses Bild nochmals anzuwenden.

Die Geburt des physischen Leibes geschah zwar unter Schmerzen, aber sie blieben dem Kinde selbst unbewußt. Jetzt liegt die Sache anders. Die seelischen Veränderungen, die um das 14. Jahr vor sich gehen, werden, auch im Gegensatz zu denen um das 7. Jahr herum, recht eindringlich als solche erlebt. Denn das Selbständigwerden des seelischen Lebens ist verbunden mit einem starken Aufwachen zu einem helleren Bewußtsein, und das wird unter großen seelischen Erschütterungen und Schmerzen durchgemacht, freilich daneben auch unter großen Freuden, ja Beseeligungen, weil ja die im Innern neu aufbrechende, oft überquellend reiche Fülle von Gedankenkraft, von Tatenlust und Liebefähigkeit, gleichfalls erlebt wird.

So ist der Anblick der nun beginnenden Lebenszeit, dieses dritten Jahrsiebtes, im Gegensatz zum zweiten, das doch überwiegend als harmonisch erschien, ein ausgesprochen disharmonischer, von inneren Spannungen und Gegensätzlichkeiten zerrissener. Einsamkeitsnöte und intensivstes Freudschaftsleben, Zartheit und Brutalität, produktive Zeiten und solche trostloser Leerheit, Schwärmerei und eiskalte Logik, Verehrung und Cynismus, aktive Energie und schlaffe Gleichgültigkeit, — es ist kein Ende zu finden, wenn man das Gegeneinander der Seelenzustände und -erlebnisse beschreiben will, zwischen denen der junge Mensch jetzt hin- und hergeschleudert wird.

Denn eines, ein Wichtigstes und Geheimnisvollstes hat er immer noch nicht wirklich zu seinem Eigenbesitz machen können. Das ist die Möglichkeit, all diese stark hervordrängenden Seelenerlebnisse nun auch aus eigener Persönlichkeits- und Charakterkraft zu lenken und zu formen. Das Seelische als solches hat sich von den umgebenden Menschen losgelöst, aber das Allerinnerste im Menschen, sein eigentlich Geistiges, sein „Ich", bleibt auch jetzt noch ungeboren, bleibt noch auf Stützung, Schutz und liebevolle Hilfe durch die älteren Menschen angewiesen. Erst um das 21. Jahr herum wird auch dieses allerinnerste Wesensglied, sein eigentlich menschlichster Teil, selbständig werden. Dann wird der junge Mensch beginnen, immer mehr und mehr nur von sich selbst, nicht von anderen Menschen abhängig, vor die Welt hinzutreten. Er wird mündig werden.

Das neue Verhältnis zum Erwachsenen, das für das dritte Jahrsiebt an die Stelle der „Autorität" tritt, ist wieder leichter zu beschreiben als zu benennen. Rudolf Steiner suchte es mit den Worten „Vorbild und Nachfolge" auszusprechen. Aber das Verhältnis ist ein viel unabhängigeres geworden. Die Nachfolge ist jetzt eine freiwillige, das Vorbild ein selbstgesuchtes ... „ein jeglicher muß seinen Helden w ä h l e n ..."

Das alles bedeutet für den Erzieher wieder eine sehr gründliche Umstellung. Er darf nicht mehr einfach erwarten und voraussetzen, daß er als Vorbild angeschaut werden soll oder muß. Er kann nichts anderes tun, wenn er erzieherische Hilfe leisten will, als alle Kraft und alle Bemühung seiner eigenen menschlichen Entwicklung, seiner Ich-Wesenheit, daransetzen, damit er wenigstens in gewissem Grade von den Jüngeren als Vorbild angesehen und erlebt werden *kann*.

Es ist da eine merkwürdige Überkreuzung in der Entwicklung eingetreten. Früher, in den ersten 7 Jahren, waren Kind und Erwachsener auf das engste miteinander verbunden, aber diese Verbindung lebte in tiefliegenden, dumpfen Bewußtseinsschichten. Das Kind war mit der Wesenhaftigkeit des Erwachsenen verbunden, aber es hatte wenig zu tun mit dem, was in dessen wachem Bewußtseinsleben an Kämpfen und Entwicklungen vor sich ging. Jetzt, nach dem 14. Jahr, ist das Kind viel mehr losgelöst, viel mehr auf sich selbst gestellt. Aber gerade dadurch ist es dem allem viel nähergerückt, was der ältere Mensch an sich selbst zu arbeiten und zu formen sucht.

Dies muß aber der junge Mensch selbst aus seiner freien Einsicht und Urteilskraft aufnehmen. Damit werden jetzt auch seine Handlungen zum ersten Male wirklich von seiner eigenen Einsicht abhängig. Und demgemäß kann im Grunde auch jetzt erst die moralische Erziehung auf die Einsicht basiert werden. Aus dem noch sehr dumpf erlebten, leiblichen Miteinander-Wollen (der Nachahmung) der ersten 7 Jahre, aus dem noch traumhaft, gefühlsmäßigen, seelischen Miteinander-Leben (der Autorität) der Volksschulzeit wird jetzt ein immer wacheres geistiges Mit-Suchen, Mit-Schaffen und Mit-Streben an der leise führenden Hand vorausschreitender Erwachsener.

Wie die moralisch pädagogische Hilfe im zweiten Jahrsiebt zum großen Teil von den seelischen Bilderlebnissen ausgehen konnte, die dann bis in den Willen hinunterwirkten, so kann sie jetzt wiederum eine Stufe höher im Bewußtsein ansetzen, nämlich im Denk- und Erkenntnisleben. Denn der junge Mensch will wissen, nicht nur träumen, wie die Welt ist und wie er sich handelnd in sie hineinstellen kann und soll.

Für den Lehrenden und Erziehenden bedeutet das ein unablässiges Ringen darum, daß alles, was er den Jüngeren sagt, bis in den Grund hinein von innerer Wahrhaftigkeit, von strenger Gewissenhaftigkeit in der Urteils- und Gedankenbildung durchzogen ist. Denn er sieht sich unerbittlich der Frage gegenübergestellt: „Glaubt der das, was er uns sagt, auch selbst mit voller Überzeugung?"

Denn es handelt sich im Unterricht gar nicht in erster Linie um das, was gelernt wird, um die Stoff- und Wissensübermittlung im eigentlichen Sinne — so wichtig das gewiß auch immer bleibt — sondern viel mehr noch um die moralische Seite des Denkens und Erkennens. Da kann der Ernst, der Wahrheitssinn, die innere Gewissenhaftigkeit und Richtungssicherheit des Erwachsenen dem Jüngeren in der Tat Stütze und Kraft geben gegen die Gefahren, denen er durch das schnelle Aufwachen seiner Urteils- und Denkfähigkeit in diesem Alter so sehr ausgesetzt ist, gegen die Neigung zu übereilter Abstraktion, zum Radikalismus, zu Oberflächlichkeit und Phrasenhaftigkeit, zu selbstgefälliger Skepsis mit all der inneren Halt- und Ratlosigkeit, die das im Gefolge hat. Der Seelenverödung kann ein am Vorbild entzündeter Erkenntnisenthusiasmus entgegenwirken.

Aber noch eine andere moralisch-charakterliche Hilfe kann in dieser Lebenszeit durch richtige Leitung des Gedankenlebens gegeben werden. Der junge Mensch ist jetzt in der Gefahr, durch all das, was er an inneren Schmerzen durchzumachen hat, sich allzu sehr nur nach innen, zu den eigenen Seelenerlebnissen hinzuwenden. Dadurch können dann auch die durch die leibliche Entwicklung verursachten Erlebnisse sich im Übermaß verwirrend und quälend vordrängen. Das wahre Gegenmittel sind da nicht intellektuelle geschlechtliche Aufklärungen, sondern große, umfassende, begeisternde Gedanken, weitgespannte, vieles aufhellende Zusammenhänge, die ein brennendes Interesse an der Welt und den Menschen aufflammen lassen. Das führt vom Hinstarren auf die eigenen Nöte in heilsamster Weise weg und lenkt den Willen nach außen hin ab. Große Ideen, die den Willen erwärmen, die zu Taten führen wollen, die, um das alte Wort wieder zu vollen Ehren zu bringen, zu „Idealen" werden wollen, nach denen lechzt dieses Alter, so wie die 7—14 Jährigen nach innerlich lebendigen, schönheitsvollen Bildern lechzen.

Auf dem Gebiete der Kunst wachen in diesem Jahrsiebt die neuen Kräfte oft mit noch größerer Gewalt auf als im Gedanklichen. Aber auch hier werden die führenden, Richtung gebenden Hilfen dringend gebraucht. Der junge Mensch verliert sich so leicht im subjektiven Gefühl, im Emotionellen oder im Gedankenblassen, wenn er nicht an die großen, ehern-festen und doch den Menschen zur inneren schöpferischen Freiheit führenden Gesetze, die in aller Kunst walten, herangeführt wird. Richtig gelenkte, vielfältige künstlerische Betätigung, in der Musik, der dramatischen Aufführung, der Eurythmie, im Malen und Plastizieren auf der einen Seite, gründliche, phrasenlose, aber begeisterte betrachtende Beschäftigung mit Kunst und Kunstwerken auf der anderen Seite, all das ist in diesem Lebensalter nicht nur ein Schmuck des Lebens und eine Annehmlichkeit, sondern eine tiefgreifende und starkwirkende Hilfe für die seelische und charakterliche Entwicklung. Sie kann auch heute noch zu dem führen, was man im alten Mysterienwesen die Katharsis, die innere Reinigung nannte.

Auf dem Gebiete des Willens aber und des moralisch-religiösen Lebens erfährt der junge Mensch täglich die Qual, daß er seine Gedanken noch nicht mit seinem Tun zusammenbringen kann, daß seine Ideale im Kopf stekken bleiben, daß er zwischen dumpfem, eruptivem Tatendrang und müder Untätigkeit hin und her schwankt. Da kann es für ihn viel, ja Entscheidendes bedeuten, wenn er bei dem Älteren erlebt, wie der sein Leben und Handeln wirklich nach dem zu richten sucht, was er als notwendig erkannt und sich als Ziel gesetzt hat, wie dadurch klare Richtungsfestigkeit und unbeirrbare Folgerichtigkeit in all sein Tun hineinkommen. An dem Hinschauen auf solche Beispiele möchte der Jüngere die eigenen Kräfte wachsen fühlen.

Und wenn der junge Mensch mit Schmerzen erlebt, wie er den Weg zu denen, die neben ihm stehen, oft nicht mehr finden kann, so sehnlich er ihn auch sucht, weil er in seine Subjektivität wie verzaubert und eingesperrt ist, da möchte er am Älteren erleben, daß der diesen Weg finden kann. Er ist wie erlöst, wenn er sich „verstanden“ fühlt, wenn er seine innersten Schwierigkeiten plötzlich klar ausgesprochen findet, am besten ohne direkten, ausdrücklichen Bezug auf ihn selbst, vielleicht an irgend einer bedeutenden historischen Persönlichkeit oder an Hand eines Kunstwerkes aufgezeigt. Dann kann er mit Beglückung empfinden, wie er trotz aller seiner Hemmungen und Unzulänglichkeiten in seinem Wesen bejaht, in seinem Streben gefördert wird. Er erlebt am Vorbild, wie aus Interesse und Verständnis für andere Menschen die tätige Liebefähigkeit erwachsen kann.

Es liegt auf der Hand, daß die Bemühung des Erziehers auch diesem Lebensalter gegenüber wieder das doppelte Ziel haben wird: einmal, im allgemeinen den moralischen Schwächen entgegenzuwirken und zu eigenen Anstrengungen anzuregen, dann aber auch an einzelnen Kindern zu arbeiten, entsprechend ihrer individuellen Veranlagung. Dabei wird das letztere sich während des Verlaufs der in Frage stehenden 7 Jahre nicht unerheblich umzustellen haben.

In der ersten Zeit, ums 14. Jahr und kurz nachher, wird es gelegentlich noch recht nötig sein, deutlich hinzuweisen oder kräftig einzugreifen. Man hat es da ja mit derjenigen Periode zu tun, die durch ihre pädagogischen Schwierigkeiten berüchtigt ist. Das seelische Selbständigwerden will sich vor den Erwachsenen verbergen, und weil es sich in sich selbst noch gar so unsicher fühlt, so maskiert es sich nach außen als Derbheit, Frechheit und Flegelhaftigkeit. Da ist es denn gut, diese Schutzwälle nicht gar zu ernst zu nehmen, sie mit Heiterkeit und Humor zu umgehen, aber dann auf die dahinterstehenden Schwierigkeiten mit liebevoller Zartheit einzugehen. Aber immer müssen die ans Licht drängenden Äußerungen der werdenden Individualität auf das sorgsamste respektiert werden. Der junge Mensch soll fühlen, daß man mit Erwartung auf ihn hinsieht, daß man für später etwas von ihm erhofft. Dazu muß man sich für ihn interessieren, gerade auch für das, was er zwar empfindet, was ihn umtreibt, was er aber noch gar nicht aussprechen kann. Man muß auf ihn einzugehen bereit sein, sei es im sorgfältigen Einzelgespräch, sei es in ganz kurzen Bemerkungen, die fühlen lassen, daß man Bescheid weiß.

Gegen Ende dieser Zeit, wenn es auf das 21. Jahr zu geht, werden dann diese Bemühungen mehr und mehr aus den eigentlich pädagogischen herausrücken. Sie werden sich der Form nähern, wie wohl zwei erwachsene Menschen, ein älterer und ein jüngerer, die sich aber beide gegenseitig als selbständige und selbstverantwortliche Persönlichkeiten respektieren, miteinander Fragen von Gut und Böse, vom Schicksal, von der schicksalsmäßig erlebten Strafe und der Selbsterziehung erörtern mögen, um so einander in freier und freilassender Weise, wenn es sein kann, Hilfe zu leisten.

Umwandlung der Fehler

In demselben Maße als es uns gelingen mag, die tieferen Kräfte des Kindes, seinen individuellen geistigen Wesensteil, wirklich in unsere Überlegungen und Bemühungen mit einzubeziehen, in demselben Maße werden wir uns immer wieder und immer mehr dessen bewußt, daß wir mit aller Strafe und aller moralischen Erziehung niemals etwas anderes tun und versuchen können, als der Individualität selbst in dem, wie sie von innen heraus strebt und sich bemüht, von außen her ein wenig helfend beizuspringen. Kein Mensch kann einem Kind das Gute einprügeln oder sonst irgendwie einerziehen. Zwang und Furcht können wohl bis zu einem gewissen Grade böse Taten verhindern, aber sie können nie und nirgends die schöpferisch-tätige Liebe zum Guten entzünden. Denn dieses, wo man mit Goethes Wort „liebt, was man sich selbst befiehlt“, das kann nur aus dem eigenen Inneren des Menschen selbst herauskommen, und aus jedem anders und immer wieder neu, weil es der schöpferischen Freiheitssphäre des Individuums entstammt.

Wenige Gedanken und Erlebnisse können in die Mühen der moralischen Erziehung in dem Maße Kraft und Begeisterung verleihend hinwirken, wie dieser, daß man als Erzieher sich zum Bundesgenossen und Helfer desjenigen machen darf, was da im Innern der Kinderseele aus der geistigen Verbundenheit mit den göttlichen Mächten des Guten den Kampf aufgenommen hat gegen das Schlechte und Finstere. Denn daraus folgt nun praktisch, daß es gewiß nötig ist, die vielen Gestalten, in denen das Böse in Kinderseelen auftreten und wirken kann, gründlich zu studieren und zu beobachten, daß es aber tausendmal wichtiger und fruchtbarer ist, das Wachsen der guten Kräfte auch in seinen zartesten Keimen mit Freuden zu entdecken, zu hegen, zu fördern.

Wer dem Kinde so mit liebevoll suchendem Auge und immer neuer Entdeckerfreude gegenübertritt, bei dem kann wirklich die moralische Erziehung mehr und mehr jenen gefürchteten moralinsauren, muffigen Geruch, jenes Düstere und Drückende verlieren, das sich unweigerlich einstellen muß, wenn in erster Linie auf die Fehler und Untaten des Kindes hingeschaut wird. Die sind ja gar nicht das Wichtigste. Viel wesentlicher, weil aus dem wirklichen Wesen des Kindes herfließend, sind seine positiven Kräfte und Taten. Die müssen herausgelockt, von Wärme umgeben und gepflegt werden. Nicht „den Willen brechen“, „Zerknirschung herbeiführen“ und wie die bösen Worte alle heißen mögen, sondern innere Freudigkeit hervorrufen, die innere Gewißheit entstehen lassen, daß dem Menschen, wenn er sich bemüht, von seinen geistigen Führermächten geholfen wird. Tadel macht unlustig, mürrisch, unproduktiv, führt in Minderwertigkeitsgefühle und dadurch zu Ehrgeiz und Geltungsdrang. Freudige Anerkennung läßt erleben, daß man auch etwas Gutes in sich hat, daß man nicht „von Gott verlassen ist". Es gibt innere Sicherheit und — es scheint paradox, ist aber ganz einfach wahr und bewahrheitet sich immer wieder — wirkliche, echte, demütige Bescheidenheit. Hebbel sagte einmal, kein Mensch könne auf die Dauer gebückt gehen. Nur wer sich aufrichten kann, kann sich neigen. Es hat Zeiten gegeben, in denen es streng verpönt war, Kinder zu loben, weil es sie eitel mache. Das Gegenteil ist richtig. Lob und Anerkennung machen Kinder nicht eitel und ehrgeizig, wohl aber wecken sie tätige Kräfte. Denn wer tätig sein kann, spürt seine Grenzen und wird bescheiden.

Eine solche positive Einstellung zum Wesen des Kindes, die genau weiß, daß zwar das Böse, die „Sünde", durchaus im Kinde wirksam ist, die aber weiß, daß daneben — und weit, weit wichtiger — auch die göttlichen Gnadekräfte in ihm wirken, eine solche Posivität wird dem Kinde auch dasjenige Vertrauen zuteil werden lassen, dessen es bedarf. Es sind besonders schöne Erlebnisse im Leben eines Erziehers, wenn frühere Schüler nach langen Jahren zu ihm kommen und sagen: „Damals, als ich so tief in meinen Schwierigkeiten und Verwirrungen saß, da haben Sie Vertrauen zu mir gehabt. Das hat mir geholfen!"

Mit diesem Vertrauen zu den guten Kräften, die sich doch einmal durcharbeiten werden, ist eng das Abwarten-Können verbunden. Denn es dauert freilich oft sehr, sehr lange. Aber wie man nicht nach Kinderart an den Keimblättern ziehen kann, damit die Erbsen schneller wachsen, so muß man auch den inneren Kämpfen die ihnen zukommende Zeit lassen. Wenn der Erzieher in seinem Vertrauen fest steht, werden ihm viele, an sich ärgerliche und unschöne, vielleicht auch ihn selbst empfindlich treffende Worte oder Untaten, wie man sie z. B. mit Kindern in den Flegeljahren so oft erlebt, recht unwichtig werden. Er wird ihnen die Antwort zuteil werden lassen, die ihm sachlich nötig scheint, aber er wird sie als unvermeidliche Nebenerscheinung einer an sich fruchtbaren Entwicklung ansehen können. Er wird vieles auch ganz unbeachtet lassen, um das Wichtigste, den verborgenen inneren Reifungsvorgang nicht zu stören. Die Weisheit des früher schon erwähnten Gleichnisses vom Unkraut unter dem Samen gilt auch hier.

Es handelt sich in Wahrheit ja gar nicht um die einzelnen Taten oder Untaten. Sie sind letzten Endes doch nur Symptome für das, was an inneren Veranlagungen, an Eigenschaften und Charakterrichtungen dahintersteht. Diese gilt es ins Auge zu fassen und zu behandeln. Freilich nicht in dem Sinne, daß man ungute Anlagen durch Angst vor Strafe unter Druck hält. Dann „passiert" zwar nichts, aber die bösen Tendenzen werden ja dadurch nur zurückgestaut und verstärkt. Es wird in Wahrheit immer schlimmer und schlimmer. Im Gegenteil, der Erzieher wird zuzeiten sogar, wenn er böse Neigungen bemerkt hat, froh sein, wenn sie sich einmal gründlich entladen und so dem anschauenden Bewußtsein, und dadurch wiederum auch der erzieherischen Behandlung und der Besserung zugänglich werden.

Noch besser ist es freilich, wenn man die Mittel und Wege findet, sie gar nicht erst herauskommen zu lassen, sondern sie schon vorher in der richtigen Weise pädagogisch abzufangen. Aber wie ist das möglich, ohne daß man sie unterdrückt?

Was sind denn überhaupt im letzten Grunde schlechte Veranlagungen und Taten? Hier kommen wir zum zweiten Male auf die Frage nach dem eigentlichen Wesen des Bösen, die uns ja auch schon im ersten Teil dieser Schrift beschäftigt hat. Es wurde dort gesagt, daß böse Eigenschaften gar nicht an sich und unter allen Umständen böse zu sein brauchen. Sondern ob man sie als böse ansehen muß, hängt weitgehend davon ab, wie und wo sie auftreten. So wie wohl ein Chemiker im Scherz den Satz aufstellt: „Schmutz sei nur „Materie am falschen Ort", so kann man im tiefsten Ernst sagen, das Böse sei ein an sich Gutes, das nur in einem ihm nicht eigentlich gemäßen Zusammenhang, gleichsam auch „am falschen Ort" auftrete, und das dadurch, nur dadurch, hemmend und zerstörend wirke. Wenn es „an seinen Ort" gerückt wird, so kann es sich aus Bösem sehr wohl in Gutes verwandeln, so wie Gift in der Hand des Arztes zum Heilmittel werden kann.

In der Erziehung gilt das in ganz besonderem Maße. Denn die Beobachtung zeigt, daß Anlagen, die zunächst durchaus unerfreulich zu sein scheinen, sich unter der richtigen Einwirkung, wenn sie auf das geeignete Gebiet umgelenkt werden, plötzlich als gut und förderlich erweisen können.

Man denke an einseitige Temperamentanlagen. Das melancholische Kind ist in der Gefahr, sich nur für sich selbst zu interessieren, in seinen Kümmernissen zu versinken und sich von der Welt egoistisch zurückzuziehen. Gelingt es aber, seine Aufmerksamkeit und seine Anteilnahme auf das Leid anderer zu weisen, so sieht man, daß niemand so gut wie eben ein Melancholiker fremde Schmerzen mitfühlen kann, daß niemand so zart helfen, so innig trösten kann. — Oder man wird sich erinnern, wie nicht selten eine cholerische Charakteranlage ebenso gut zu einem brutal-rücksichtslosen Sichdurchsetzen wie zu einem zu jedem Opfer bereiten Sich-Einsetzen für das Recht und für den Schutz anderer führen kann, zum verbrecherischen Gewaltmenschen, oder zum echten Helden.

Gewiß ist es nicht die Erziehung allein, die entscheidet, welche Richtung eingeschlagen wird, aber ihr Einfluß ist doch tatsächlich ein sehr großer. Rudolf Steiner hat einmal Beispiele angeführt, die zuerst sehr überraschen, die sich aber in der praktischen Erziehungsarbeit durchaus bewahrheitet haben. Es handelt sich da um Fälle, wo Kinder in den ersten sieben Lebensjahren Einflüsse in sich aufgenommen haben, die, vielleicht auf eine mitgebrachte Anlage auftreffend, ungute Eigenschaften im Kinde hervorbrachten. Und es entsteht die Frage, ob man da als Erzieher die Möglichkeit hat, im günstigen Sinne einzuwirken. Die angeführte Stelle ist einem Vortrag entnommen, der unter dem Titel „Pädagogik und Moral" am 26. März 1923 bei der pädagogisch-künstlerischen Tagung in Stuttgart von Rudolf Steiner gehalten wurde.* Er sagte damals:

„Nehmen wir an, ein Kind habe sich im früheren Lebensalter (in den ersten sieben Jahren) mit seiner Umgebung so entwickelt, daß in ihm eine gewisse Anlage dazu vorhanden ist, seine gesamten Organisationskräfte nicht so sehr nach außen zu wenden, sondern nach innen zusammenzuziehen. Das kann insbesondere dann geschehen, wenn das Kind vieles in seiner Umgebung gesehen hat von unmutigen, vielleicht feigen Taten. Wenn das Kind vieles in seiner Umgebung gesehen hat von Zurückweichen vor dem Leben, wenn es vieles empfunden hat von

* Ab 2. Vortrag in dem Band: R. Steiner, Anthroposophische Menschenkunde und Pädagogik. Neun öffentliche Vorträge. Dornach 1979 GA 304a.

Lebensüberdruß, von Lebensunzufriedenheit und Unbefriedigtheit mit der Umgebung, dann hat das Kind so etwas in sich, was, ich möchte sagen, ein fortwährendes verhaltenes Erblassen beim Kinde bedeutet.

Wenn man auf solche Dinge als Erziehender nicht aufmerksam sein kann, dann allerdings stellt sich das heraus, daß das Kind immer intensiver und intensiver die Wirkung aufnimmt, die es von dem Mutlosen, Unenergischen, Feigen, Zweifelnden seiner Umgebung in sich hereinergossen hat, und das Kind wird in einer gewissen Weise ebenso.

Aber wenn man in diese Dinge tiefer hineinsieht, dann wird man finden, daß das, was als eine bestimmte Charakterrichtung sich beim Kinde in den ersten sieben Lebensjahren festgesetzt hat, nun gebraucht werden kann, um es in einer ganz anderen Weise zu orientieren. Man kann, was sonst Ängstlichkeit, Mutlosigkeit, Schüchternheit, zu große Schüchternheit vor dem Leben ist, so dirigieren, daß dieselbe Kraft sich ausbildet als Besonnenheit, als Urteilsfähigkeit, wenn man solche Gelegenheiten gerade im schulpflichtigen Alter an das Kind heranbringt, an denen eben Besonnenheit, Urteilsfähigkeit — allerdings für dieses Lebensalter empfindungsgemäß — ausgebildet werden können.

Oder nehmen wir an, das Kind hat vieles in seiner Umgebung gesehen, was ihm unsympatisch war, vor dem es zurückgeschreckt ist. Das trägt es nun wiederum in einer gewissen Weise in seinem ganzen Charakter in die Schule herein — bis in seine leibliche Organisation hinein. Läßt man einen solchen Charakterzug unbemerkt, dann wird er sich im Sinne dessen, was das Kind aus der Umgebung aufgenommen hat, weiterentwickeln. Versteht man aus echter Menschenerkenntnis heraus, solch einen Charakter in der entsprechenden Weise zu richten, dann wird man gerade diesen Charakterzug so dirigieren können, daß er zur edelsten Keuschheit, zum edelsten Fühlen einer gewissen Schamhaftigkeit beim Kinde führt . . .

Das ist eine ungeheuer bedeutungsvolle, aus echter innerlich intimer, aber auch innerlich praktischer Psychologie hervorgehende Tätigkeit, in die man sich hineinversetzen kann als Erziehender, wenn man so das Kind vor sich hat und diese verschiedenen Charakter-, Willens-, Gemütsrichtungen empfindernd erfaßt, liebevoll mit seiner Aufmerksamkeit an die Offenbarungen der kindlichen Natur hingegeben, und nun damit beschäftigt sein kann, dasjenige, was sich vielleicht an Schlechtem, an Schadhaftem herangebildet hat, als eine gewisse Menschenkräfterichtung, ins Gute zu lenken.

Denn, bestimmt ausgesprochen: es gibt in der kindlichen, sittlichen Vorbestimmtheit nicht Schlechtes, das nicht in diesem Lebensalter, wenn man als Erziehender die nötige Einsicht und Energie hat, wenigstens in den meisten Fällen, auch ins Gute gewendet werden könnte . . .

Weiß man einmal, daß, sagen wir z. B. eine Eigenschaft, die, schlecht geleitet, den Menschen im Leben zu einem jähzornigen Wesen macht, gut geleitet den Menschen zu einem kühn vorgehenden, die Lebensaufgaben rasch ergreifenden Menschen machen kann, weiß man solche Dinge aus einer innerlich intimen und zu gleicher Zeit praktischen Psychologie, die im Leben zum Handeln übergeht, dann entsteht erst noch die Frage: wie soll nun die sittliche Erziehung des Kindes gerade im volkschulmäßigen Alter geleitet werden?"

(Der Vortrag spricht dann über die Möglichkeiten der moralischen Erziehung zwischen dem 7. und 14. Jahre, wie sie zum Teil weiter oben schon dargestellt wurden.)

So steht vor dem Erzieher die wundervolle Aufgabe, Böses in Gutes umzuwandeln, es nicht zu unterdrücken, sondern es an seine rechte Stelle zu bringen, wo es aufbauend wirken kann. Es sind da zuweilen die herrlichsten Wunder zu erleben, etwa wenn einem wilden Buben die Aufgabe gestellt wird, ein zartes, furchtsames Kind auf dem Schulwege zu beschützen, oder wenn einem etwas träumend-langweiligen die sorgsame, zuverlässig- gleichmäßige Versorgung von Tieren übertragen wird. Es ist oft rührend zu sehen, wie wohl es den Kindern dabei wird, wenn ihr Wesen, das sie ja nicht einfach ändern können und unter dessen negativen Seiten sie oft zu leiden hatten, plötzlich auch Positives aus sich entfalten kann, wenn sie in ihrem Wesen bejaht, in ihren Kräften anerkannt werden. Es ist ein stark wirkender Ansporn, alle Kräfte zum Guten einzusetzen.

Der Erzieher wird sogar, wenn er so zu arbeiten sucht, bei sich selbst eine erstaunliche Entdeckung machen. Er wird finden, daß er die Unarten, Untugenden und Untaten der Kinder nach und nach in einem ganz anderen Lichte zu sehen beginnt. Wo er früher nur schlechhin entrüstet war, da wird sich in die Entrüstung immer mehr etwas hineinmischen, was man beim Mediziner als brennendes Interesse für die Krankheit, und sei sie noch so ekelerregend, kennt. Wenn ein überkräftiger Junge gewalttätig, vielleicht sogar roh gewesen ist, so wird man nun neben dem Abscheu vor der Rohheit in sich etwas bemerken wie eine Art Bewunderung vor der großen Kraft, die nur hier auf ein falsches Geleise gefahren ist. Etwas wie Respekt vor den Fehlern der Kinder, wenn sie charaktervoll und nachdrücklich hervortreten, wird sich immer mehr bemerkbar machen und man wird mit Freude die vielleicht sehr mühevolle Arbeit ergreifen, diesen

Kräften zu Hilfe zu kommen, daß sie sich in der rechten Weise umwandeln können.

Denn was in die falsche Richtung läuft, kann zurecht kommen. Was aber gar nicht läuft, was lau, fade, verschwommen ist, das bietet ja keine Handhaben; es wird meist auch so bleiben wie es ist, mittelmäßig und langweilig.

Deshalb ist es auf die Dauer eine trostlose Aufgabe, sogenannte brave Kinder zu erziehen. Sie machen nichts Dummes, aber auch nichts Gescheites, sie tun alles, was man ihnen sagt, aber nie mehr, und schon gar nichts von sich aus, es fehlt ihnen jeder Funke von Genialität. Sie sind Durchschnitt und werden einmal brave Steuerzahler werden.

Was umgewandelt werden soll, muß zuallererst selbst etwas sein. Kräfte aber wachsen am Widerstand, Charakterkräfte an der Auseinandersetzung mit den eigenen Fehlern und an deren Überwindung. Deshalb ist eine wilde Kinderschar oft so viel herzerfreuender als eine brave. Hier lohnt sich die Arbeit, hier kann man Kräfte erhalten, steigern und umwandeln helfen. Hier können innere Widerstandskräfte gegen das Böse herausgelockt und geführt werden. Es kann fruchtbare pädagogische Arbeit getan werden.

Selbsterziehung des Erziehers

Im ersten Teil dieses Büchleins konnte auf die wunderbare Tatsache hingewiesen werden, daß der Mensch heute für seine Weiterentwicklung nicht mehr nur auf die wekkende, reinigende, „strafende“ Einwirkung angewiesen ist, die von den schicksallenkenden geistigen Mächten dem

Menschen zuteil wird, sondern daß er auch aus eigener Erkenntnis und Willenskraft selbst in diese Vorgänge eingreifen, daß er selbst an seiner „Erziehung“ mitarbeiten kann. Es mußte aber hinzugefügt werden, daß der Teil, den er da tatsächlich schon selbst zu leisten vermag, doch noch sehr anfänglich, klein und bescheiden ist, daß die Hauptarbeit nach wie vor noch den über dem Menschen stehenden Mächten überlassen bleiben muß. Es ist nützlich für die Selbtserziehung, sich das von Zeit zu Zeit eindringlich wieder vor Augen zu führen.

Für die erzieherische Tätigkeit an Kindern sind solche Gedanken nicht weniger nützlich und wichtig. Gewiß besteht auch hier das Wunderbare, daß der Mensch gewürdigt ist, an der Erziehungsarbeit, die göttliche Mächte am Kinde leisten, helfend und dienend teilzunehmen. Aber auch hier ist es vorerst bitter wenig, was er vermag. Er muß froh und zufrieden sein, wenn er zuweilen das, was jene Mächte beim Aufwecken der kindlichen Wesenheit tun, ein wenig erkennen und sich dadurch zu ihrem dienenden Werkzeug machen kann, wenn er — um bei unserem Thema zu bleiben — dem Bewußtsein des Kindes, wo es irre gegangen ist, durch eine Strafe zu Hilfe kommen kann.

Noch geringer, noch anfänglicher und bescheidener bleibt aber gar alles das, was der Erzieher versuchen möchte, um dem Kinde durch vorbeugende Erziehungsmaßnahmen den Schmerz der Strafe zu ersparen. Da ist es wahrhaftig blutwenig, was wir schon tun können. Und doch sind es gerade diese schwachen Anfänge, aus denen unser erziehender Enthusiasmus seine Kraft zieht. Sie befeuern unsere Erkenntniskräfte und lassen uns dadurch immer besser den Weg finden zu den tieferen, verborgenen Wesenszügen und -kräften des Kindes.

Selbstverständlich stellt der Entschluß zu einer solchen

Art der Erziehung starke Anforderungen an den Erwachsenen, bzw. er veranlaßt ihn, starke Anforderungen an sich selbst zu stellen. Er muß herausfinden, wie er nun tatsächlich einen hinreichend engen inneren Zusammenhang mit Wesen und Eigenart des Kindes bekommen kann. Das entscheidend Neue an der Pädagogik Rudolf Steiners ist nun dies, daß er hierfür Wege gewiesen hat, die wirklich für jeden Menschen gangbar sind. Er hat gezeigt, wie man zu einer vollgültigen Erkenntnis vom Menschen und vom Kinde gelangen kann und wie solche Erkenntnis, weil sie auch das Geistige im Menschen einbezieht, nicht im Intellektuellen stecken bleibt, sondern den ganzen Menschen bis in den Willen hinunter erfaßt. Willensgetragenes Menschenverständnis aber schafft Verbindung zwischen Menschen. Sie ist der Weg zu wahrer und ehrlicher Menschenliebe.

Das erste also, was der Erzieher von sich fordern muß, ist eine nie aufhörende Bemühung um Menschenerkenntnis. „Allgemeine Menschenkunde als Grundlage der Pädagogik“ sind die Vorträge betitelt, die Rudolf Steiner 1919 kurz vor der Gründung der ersten Waldorfschule den in Aussicht genommenen Lehrern hielt. Sie bilden heute und noch auf lange Zeit hinaus das Fundament aller Lehrerausbildung für Waldorflehrer und den Gegenstand für deren immer wiederholtes und vertieftes Studium.

Über solche mehr auf das Allgemeine gehende Erkenntnis vom Kindeswesen hinaus aber ist eine nie aussetzende Bemühung unerläßlich, um immer umfassender, gründlicher und sicherer in die Eigenart jedes einzelnen Kindes einzudringen. Sich ein lebendiges Bild von jedem Kinde machen! Das ist das große, nie ganz erreichte Ziel unablässiger Beobachtung und täglichen rückschauenden Nachdenkens für jeden Erzieher. An den Waldorfschulen ist dieser Aufgabe neben ungezählten Einzelgesprächen vor allem auch der wichtigste Teil der wöchentlichen Lehrerkonferenzen gewidmet, die im Austausch der Erfahrungen die Kinder der Schule in ihrem Entwicklungsgang verfolgen und das Bild derselben dauernd vervollständigen und vertiefen. Solche vom Einzelnen in der Stille oder von der ganzen Lehrerschaft in der Gemeinsamkeit vollzogene Bemühung hat aber — das ist eine oft gemachte und immer wieder bestätigte Erfahrung — in der Tat den Erfolg, daß sich das Kind, ohne zu wissen wie es geschah, davon berührt fühlt, daß es sich verstanden — und geliebt fühlt.

Und wie sollte das nicht auch Gegenliebe von Seiten des Kindes erwecken! Gerade bei schwierigen Kindern ist es oft in überraschendem Maße zu beobachten. Sie empfinden, daß der Erziehende Interesse an ihnen nimmt, anstatt nur zu schelten und zu drohen. Sie fühlen, daß sie, gerade so wie sie sind, mit all ihren Unzulänglichkeiten, ernst genommen werden, daß es mitgefühlt wird, wie sie sich mit sich selber quälen müssen, daß sie nicht verurteilt, sondern trotz allem als Menschen voll genommen, anerkannt und geachtet werden. Vor allem aber, daß man ihnen beistehen und sie stützen will. Daß man auf das Gute in ihnen rechnet und ihnen Vertrauen schenkt. Dafür sind sie dankbar, auch wenn sie es noch nicht ausdrücken können und wenn es in ihrem Verhalten zunächst vielleicht noch ganz und gar nicht zum Ausdruck kommt.

Den Kindern nun tatsächlich so, wie es geschildert wurde, gegenüberzutreten, ist allerdings schwer, sehr schwer für den Erzieher. Wohl verlangt er es von sich selber und bemüht sich mit aller Kraft darum, aber er kann es keineswegs schon immer leisten. Die stärkste Hilfe dabei sind ihm Gedanken über das Kind als Menschenwesen, mit denen er sich immer wieder beschäftigt. Etwa der, daß er in der leiblich-seelischen Gestalt, in der das Kind vor ihm erscheint, dessen wahres, höheres Wesen noch gar nicht vor sich hat, jenes höhere Wesen, das, aus geistigen Welten kommend, in die Erdenverkörperung und in die Leiblichkeit eingetreten ist, um hier unter unendlichen Kämpfen und Mühen seiner weiteren geistigen Entwicklung und Vervollkommnung zuzustreben und zuzuarbeiten. — Solche Gedanken vermögen dem Lehrer, wenn sie in ihm ehrlich lebendig werden können, die stärkste Hilfe zu sein, um die nötige, unausgesprochene, aber tragkräftige Verbindung zur Individualität des Kindes herzustellen.

Die erkenntnismäßige Beschäftigung mit dem Wesen des Kindes wirkt aber auch stark auf den Erwachsenen selbst zurück. Es bleibt ihm nicht erspart, die beschämende Erfahrung zu machen, — ja sie wird eigentlich je länger je stärker, — daß zwischen der tiefen Ehrfurcht, die er bei dem Gedanken an die ewige Individualität des Kindes in sich aufsteigen fühlt, einerseits, und seinem realen täglichen, alltäglichen Verhalten dem Kinde gegenüber andererseits, ein schneidender Widerspruch klafft. Alle pädagogische Selbstgefälligkeit wird ihm durch solche Erfahrungen gleichsam weggebrannt.

Aber der Schmerz dieses Erlebnisses ist auch eine immer wiederholte Anspornung in dem inneren Kampf um Selbstdisziplin, um Wachheit, Geistesgegenwart und menschliche Güte. Die Fälle, wo es daran gefehlt hat, wo ihn Zorn und Eigensinn, Seelenmüdigkeit und Selbstbegrenztheit überwältigt haben, werden ihn immer stärker quälen und brennen. Sie werden das umso mehr tun, je mehr er in ernster Rückschau auf das Unheil und die Hemmungen hinblickt, die seiner Unzulänglichkeit gefolgt sind. Er wird die daraus entspringenden Schmerzen als „Schicksalsstrafen“, die ihn zu Recht treffen, hinnehmen müssen.

Aber er wird in der Rückschau auch noch etwas anderes erleben. Er wird darauf hinschauen dürfen, wie in seiner Erzieherarbeit Kräfte gewirkt haben, die nicht aus seiner kümmerlichen Alltagspersönlichkeit gekommen sind, sondern die ihm gnadenvoll geschenkt worden sind. Er sieht, wie ihm geholfen wurde. Und wenn er das in Demut und Dankbarkeit anschaut, dann fühlt er, wie es ihm Mut und Kraft gibt, trotz aller Unzulänglichkeit, aller Mißgriffe und Mißerfolge seine Arbeit in Tapferkeit fortzusetzen.

Wandlung der Strafe

Wenn der Erzieher bemüht ist, aus den Kräften, die er sich durch Selbsterziehung zu erwerben versucht, helfend in die inneren Widerstände und Schwierigkeiten des Kindes hineinzuwirken, dann tut er dies ja, neben anderen Gründen, auch, um ihm eine eigentliche Strafe nach Möglichkeit zu ersparen. Er erlebt, daß der Schmerz der Strafe das Kind zwar durch die Aufhellung des Bewußtseins fördert, daß er ihm aber auch Kräfte raubt, die man ihm gerne erhalten wissen möchte. Und er empfindet jeden Schmerz und jede innere Erschütterung der Strafe um so stärker in der eigenen Seele mit, je mehr er durch seine Erkenntnisarbeit mit dem Kinde innerlich zusammenwächst. So versucht er, diese Schmerzen unnötig zu machen, die inneren Verwicklungen aufzulösen, ehe sie zu schlimmen Taten führen, ungute Eigenschaften und Veranlagungen in gute umzuwandeln.

Da erhebt sich nun wieder eine schwere Frage, die der ähnlich ist, die bei der Betrachtung der Aufgabe, die die

Rückschau in der Selbsterziehung des Erwachsenen hat, schon berührt wurde. Es ist die Frage, wo denn bei einem solchen vorbeugenden, umwandelnden Helfen die moralische Gerechtigkeit bleibt. Maßen sich hier nicht menschliche Gefühle und Wünsche Befugnisse an, die ihnen nicht zukommen? Versucht hier nicht das mitleidvolle Helfenwollen die sittliche Weltengerechtigkeit von ihrem königlichen Thron zu verdrängen?

Und weiter: Was wird aus der Vertiefung und Aufhellung des Bewußtseins, die das Kind einer richtig durchlebten Strafe zu verdanken hat? Darf man es dessen berauben, nur um ihm Schmerzen, Kämpfe und Leid zu ersparen? Tut man ihm da nicht aus falscher Liebe einen nicht wieder gut zu machenden Schaden?

Zum Glück ist es nicht so.

Die geistigen Gesetze der Gerechtigkeit behalten ihre Gültigkeit und ihre erhabene Würde. Die Schuld, die entsteht, und sei es auch nur durch böse Wünsche und Neigungen eines Kindes, wird auch in diesem Falle in vollgültiger Münze bezahlt. Nur daß statt des Kindes der erziehende Erwachsene den Ausgleich auf sich nimmt. Durch das, was er sich zumutet an Erkenntnisarbeit und Erkenntnisschmerzen, an Beschämung und Mühen der Rückschau und überhaupt der Selbsterziehung, tritt er für das Kind ein. Das was vom Kinde als Leid in der Strafe erlebt werden müßte, wird auch jetzt durchlitten. Aber der Erzieher hat es vorbeugend und vorwegnehmend vom Kinde ab und auf sich selbst hingewendet. Er nimmt es stellvertretend auf die eigenen Schultern. Der Gerechtigkeit wird volles Genüge getan.

Aber auch das Kind braucht nichts zu entbehren. Von dem, was es an seelischer Erschütterung und Reinigung, an Aufhellung und Erweckung des Bewußtseins und an sittlichem Besserungswillen hätte gewinnen können, wenn es die Strafe in all ihren Stufen hätte durchmachen müssen, geht ihm nichts verloren. Denn die Schmerzen und Mühen des Erziehers, sein inneres Suchen und Ringen, seine harte Bewußtseinsarbeit bleiben ja nicht bei ihm stehen, sondern sie gehen, weil sie in Liebe zum Kinde durchgemacht worden sind, auf dieses über und kommen ihm in ihren Erträgnissen zugute.

Denn wenn der Erzieher in der richtigen Weise daran gearbeitet hat, die starken, aber noch dumpfen, triebhaften Willenskräfte des Kindes, die er in ihrer Eigenart zu erkennen bestrebt war, zu durchlichten, wenn er ihnen edle Ziele stellte, so daß sie unegoistisch dem Guten zu dienen lernen, dann tritt ja tatsächlich beim Kinde jene Klärung und Durchlichtung des Bewußtseins ein, aus der die Entschlüsse zum Bessermachen entspringen. Das Kind hat den Schmerz nicht in der vollen Härte der Strafe durchmachen müssen. Das ist ihm abgenommen worden. Es erlebt ihn nur in zarter, feiner Weise, wenn es auf seine frühere Dumpfheit in Beschämung zurückblickt, und gerade das wirkt belebend und anfeuernd auf die wachsende Liebe zum Guten.

So hat sich dem Erzieher das Wesen der Strafe gleichsam unter den Händen verwandelt, und es verwandelt sich immer mehr, je tiefer er in seine pädagogische Aufgabe hineinwächst. Er sieht neue Ziele vor sich. Er ist nicht mehr nur der Diener einer aufrüttelnden, weckenden Weltgerechtigkeit, sondern er darf anfangen, der dienende Helfer der dem Menschen sich gnadevoll zuneigenden göttlichen Liebeskräfte zu werden. Indem er den Schmerz, der sonst das Kind mit der Strafe treffen müßte, in sich selbst hineinnimmt, darf er daran mitarbeiten, daß etwas im wahrsten Sinne Christliches in seiner Erziehungstätigkeit zu wirken beginnt.

«Menschenkunde und Erziehung»

Schriften der Pädagogischen Forschungsstelle beim Bund der Freien Waldorfschulen

2 ERICH GABERT
Autorität und Freiheit in den Entwicklungsjahren – Das mütterliche und das väterliche Element in der Erziehung
2. Auflage, 76 Seiten, kartoniert

8 WILLI AEPPLI
Sinnesorganismus – Sinnesverlust – Sinnespflege
Die Sinneslehre Rudolf Steiners in ihrer Bedeutung für die Erziehung.
4. Auflage, 113 Seiten, kartoniert

11 WALTER HOLTZAPFEL
Krankheitsepochen der Kindheit
4. Auflage, 94 Seiten, kartoniert

17 KARL KÖNIG
Die ersten drei Jahre des Kindes
Erwerb des aufrechten Ganges – Erlernen der Muttersprache – Erwachen des Denkens
8. Auflage, 110 Seiten, kartoniert

21 HILDEGARD GERBERT
Menschenbildung aus Kunstverständnis
Kunstgeschichte und Ästhetik in der Oberstufe der Waldorfschule
2. Auflage, 162 Seiten mit 16 Abb., kartoniert

22 HEINZ MÜLLER
Von der heilenden Kraft des Wortes und der Rhythmen
3. Auflage, 117 Seiten, kartoniert

25 **Erziehung zur Freiheit**
Die Pädagogik Rudolf Steiners. Bilder und Berichte aus der Internationalen Waldorfschulbewegung. Text: FRANS CARLGREN, Bildredaktion: ARNE KLINGBORG.
5. Auflage, 208 Seiten mit 250 meist farbigen Abbildungen, gebunden

27 ERIKA DÜHNFORT und ERNST MICHAEL KRANICH
Der Anfangsunterricht im Schreiben und Lesen
in seiner Bedeutung für das Lernen und die Entwicklung des Kindes.
3. Auflage, 83 Seiten, kartoniert

28 ERHARD FUCKE
Die Bedeutung der Phantasie für Emanzipation und Autonomie des Menschen
Die sinnige Geschichte als ein Beispiel für die Phantasiepflege in den ersten Volksschuljahren.
2. Auflage, 116 Seiten, kartoniert

VERLAG FREIES GEISTESLEBEN